異形の明治

新保祐司
SHIMPO YUJI

藤原書店

異形の明治　目次

第六章 吉野作造の「聖書の文体を通して観たる明治文化」 163

異形の明治

〈付記〉

本書は学芸総合誌・季刊『環』五〇号（平成二十四年夏）～五七号（平成二十六年春）（藤原書店刊）の連載「旧約期の明治——「日本の近代」の問い直しのために」（全八回）に加筆修正を加え、単行本としたものである。

序章　明治初年的異形

第一節　旧約期の明治

東日本大震災の衝撃

平成二十三年の三月十一日に起きた東日本大震災とそれに伴う福島原発事故は、日本の近代化の問題を根底から問い直す衝撃を持ったものであった。しかし、大震災から三年余り経った今日、当初の衝撃が早くも薄れ、日本の国民性ともいうべき健忘症によって、この大震災と原発事故を大きな画期としてこれまでの日本とは違った国を創造しようという意欲は、消えていっているような感じである。この深刻な体験を経て、「戦後」はようやく終わり、「災後」という新しい時代が始まるといった言説も、今や忘れられてしまったかのようである。

しかし、この3・11を「日本の近代」を問い直す契機としなければならない。でなければ、日本はこのまま「日本の近代」の価値観の閉塞の中で衰亡していくであろう。3・11は、多くの日本人に現在の日本人の価値観と日本という国家の在り方を深く反省させる衝撃を持っていた。この衝撃が当初の大きさを失っていくとしても、その衝撃が本質的に持っていたもの、いわば今日の日本人の精神の姿と日本という国家の「国のかたち」が何かおかしいのではないかという深い疑惑を手離してはならない。この疑惑こそ、日本人の精神の再建の鍵だからである。

大震災の衝撃は、戦後長きに亘って続いていた「戦後民主主義」に本質的に止めを刺したといってもいい。大震災の前にも、すでに「戦後民主主義」の弊害が明らかになり、日本は日本でなくなり、日本人は日本人でなくなってきていた。そこで、十年前くらいから、「昭和三十年代」ブームが起きたりした。平成十七年公開の映画「ＡＬＷＡＹＳ　三丁目の夕日」がそのブームの火付け役であった。「戦後民主主義」の中に六十余年生きてきて、日本人は、ついにその結果が、現在のような日本になってしまったことに落胆しているのである。そして、「昭和三十年代」の生活に懐かしさを覚えている。しかし、この「昭和三十年代」の日本へのノスタルジーは、「日本の近代」のどん詰まりとしての現代に疲れ果てた日本人にとって、とりあえずの子守歌になるとしても、将来へのヴィジョンとしては不毛である。

「昭和三十年代」に、今日失われた日本人らしい生活や倫理が残っているとしたら、それは戦前の日本にあったものが、残滓として「昭和三十年代」までは残っていたということに過ぎないのである。「昭和三十年代」そのものは、何も価値を生み出していない。ただ、日本の価値や日本人の倫理を破壊していただけである。

だから、大震災後の日本のヴィジョンを描いていく上で、日本の過去の歴史を振り返ることが必要なことはいうまでもないが、問題は日本の過去のどこを振り返るかである。「昭和三十年代」の懐かしのメロディーを子守歌として聞いていれば、日本は夢うつつの内に安楽死するであろう。

では、関東大震災からの復興であろうか。今回の大震災からの復興を考えるに際して、関東大震災のことが参照されることもあった。しかし、関東大震災からの復興とは、ある意味で、「日本の近代」の更なる展開であった。この大正十二年の大震災で焼失したものとは、江戸の文化の名残りであった。当時までまだ残っていた江戸以来の町並みであり、風俗であった。それらの江戸文化の残照が、ほぼ完全に消え去ったのである。だから、更なる近代化としての関東大震災からの復興は、今日の東日本大震災後の日本には、あまり参考にならないであろう。

戦後の復興は、関東大震災からの復興以上に、話題になっている。戦後の日本の奇跡的な復興を見よ、3・11からの復興も可能である、戦後の復興の成功を学べ、といった言説が目立つ。しかし、そうであろうか。

戦後の日本とは、なんといっても敗戦国である。高度成長の結果、経済大国になったとしても、それは大きな歪みを持ったものであった。敗戦後、被占領下に「配給された」憲法をサンフランシスコ講和条約発効後も改正せずに、「戦後民主主義」の「微温《なまぬる》」い「空気」の中で、日本人という敗戦国の国民は、後生大事に押し戴いてきたのである。そういう屈辱的憲法を平和憲法と称して誇っている日本人すら、あまたいたのである。この日本人の奴隷根性、あるいはもっとたちの悪い自己欺瞞こそ、今日の日本人の精神的、道徳的頽落の淵源である。戦後の日本は「町人」国家として、アメリカの丁稚を勤めていたに過ぎない。この肥え太った「町人」は、東アジアの安全保障の環境の激変におろおろするばかりである。近来は、贅肉がずいぶん落ちてきて、貧しくなりつつあるが、経済ばかり関心を持ってきたので、人間としての品格も失われて、世界から尊敬されることもない。このような日本にしてしまった戦後の復興が、今後の復興のモデルになる訳がない。

どの時代を振り返るべきか

では、今日の日本人が「日本の近代」を問い直すために振り返るべき時代は、どこであろうか。私は、それは明治初年だと思っている。そして、明治初年というとき、明治十年くらいまでをイメージしている。明治十年とは、西郷隆盛が自刃した年である。この時代に発現した「明治初年の精神」こそ、今後の日本の精神的再建の道しるべとなるものである。幕末維新期も、ある意味で含まれるが、それ以前の江戸時代は入らない。内藤湖南は大正時代に、現代の日本を理解するためには、応仁の乱以降の日本を知っていれば十分であるとの名言を吐いたが、今日の復興を考えるに際して、日本人は明治初年の精神を集中的に考察することが必要である。今、必要なのは、「日本の近代」の問い直しであって、「近代以前」のことを振り返り、再評価することではないからである。かつて流行した江戸ブームのように、江戸時代を反近代のものとして買い被ることではない。江戸時代とは、「近代以前」つまり非近代であって、反近代ではない。反近代とは、非近代によって近代を批判することではない。近代の初期の坩堝《るつぼ》に混ざっていた可能性によって、現実の近代を批判することである。小林秀雄が有名な座談会「近代の超克」(昭和十七年)の中で「近代が悪いから何か他に持って来ようといふやうなものではないので、近代人が近代に勝つのは近代によつてである。」と言い切ったことを思い出すべきである。だから、江戸時代を振り返るといっても、「日本の近代」につながるものを考慮に入れるということである。もっと詳しくいえば、明治初年に噴出した限りでの江戸の精神的遺産を取り上げるということである。

明治維新のとき、当初、王政復古とは、「建武の中興」に復帰するということが考えられていた。しかし、岩倉具視の顧問であった国学者の玉松操の意見により「神武創業」の根本にまで遡るということになったのである。そのことを考えるとき、今回の大震災後の日本の復興は、「明治初年の精神」に復帰することでなければならない。戦後の復興というようなものは、いわば「建武の中興」に戻るような中途半端なものに過ぎない。ここは、一気に明治初年まで戻ってみる必要がある。何故なら、明治維新とは、まさに「神武創業」の精神によるものであり、「明治初年の精神」は「創業」の時代に相応しく根源的なものの坩堝であったからである。

ここで、「明治初年の精神」といって、「明治の精神」といわないのは、意図的なものである。「明治の精神」といういいかたは、夏目漱石が『こころ』の最後の方で、「先生」の自殺をめぐって使ったことがよく知られているが、「明治の精神」の偉大さを強く印象づけて、この「明治の精神」

といういいかたを日本の精神史を論ずるときの、キーワードの一つまで押し上げたものは、恐らく保田與重郎の有名な評論「明治の精神」(昭和十二年)であろう。この保田の評論は、岡倉天心と内村鑑三の二人を取り上げたものであり、天心と鑑三を「明治の精神」の代表的な存在と称揚している。

私も、これまで「明治の精神」ということを、よく論じてきたし、今回の東日本大震災からの精神的復興を問題にするとき、この「明治の精神」の大切さをいつもいってきた。

明治初年の精神

しかし、これから「日本の近代」を問い直すという大きな課題を考えるに際しては、「明治の精神」というよりも、もっと限定して「明治初年の精神」を問題にしたいと思う。この「明治の精神」と「明治初年の精神」の違いについては、例えば橋川文三が「明治人とその時代」(昭和五十年)の冒頭に書いた次のような文章が参考になるであろう。

かつて長谷川如是閑氏にお目にかかったことがある。そのとき私は、いったい明治人とよばれるのは年代的にどの範囲の人々をさすのか伺ってみた。明治八年(一八七五年)生まれの如是閑翁は当然明治人のカテゴリイに入るものと思って聞いたのだが、意外にも翁は「自分は明治人ではない」と明言され、そして、「明治人というのは明治十年頃までの人をいう」というふうにお答えになった。その意味合いも私には釈然としないところがあったが、明治十年までにすでにもの心ついた少年もしくは青年だった人が明治人だというのだろうと思う。

明治初年とは、明治十年くらいまで、と前述したが、如是閑によれば明治の初年に「もの心ついた」世代が、真の明治人ということになる。普通に「明治の精神」というと、例えば長谷川如是閑自身も入るであろうが、「明治初年の精神」には入らないのである。私が問題にしたいのは、この「明治初年の精神」に限定されたものの方なのである。何故なら、この「明治初年の精神」は、橋川文三の表現を借りれば「豊かな可能性のるつぼ」だからである。橋川は、「明治元年に成立した新しい権力の進路は、アプリオリに後年の明治国家を必然的帰結としたというのではなく、その間にはなおさまざまな可能性が孕まれていたということである。極言すれば明治二十二年憲法によって形成された国家は、多くの可能性の中から、たまたま一つだけのチャンスが選びとられた結果として生まれたにすぎないという意味である。明治十年の内戦の終結は、その豊かな可能性のるつぼを、ただ一つのチャンネルに注ぎこむことになったといってもよい。」と書いている。

そして、「原明治人」とか「旧約期の明治人」といった新鮮で深い直観を示した表現を使っている。

西南戦争に直接関係した人物は、その年齢からいってもふつうに明治人とはいえないことは前に述べたとおりである。もちろんその多くの部分は生き残って、のちの明治時代をつくりあげるに貢献したことはいうまでもないが、ここでは西郷隆盛と共に討死した人々と、その精神的系譜をひくと見るべき人々について簡単に見ておきたい。いわば、明治人のプロトタイプ――原明治人とでもいってよいかもしれない、人々のことである。あるいは、旧約期の明治人ともいえよう。

私が問題にしたいのは、この「旧約期の明治」なのである。「明治の精神」とは、もちろん重なる部分は多いが、やはり違うのである。「明治の精神」は、例えば司馬遼太郎の『坂の上の雲』に謳い上げられたようなものである。日露戦争で発揮された「明治の精神」は、確かに偉大であった。それは、橋川文三がいうように「明治二十二年憲法によって形成された国家」のエネルギーを爆発的に噴出した成果であった。しかし、「旧約期の明治」の精神、すなわち「明治初年の精神」とは、西南戦争で「西郷隆盛と共に討死した人々と、その精神的系譜をひくと見るべき人々」の持つ意味を深く、重く考える性格のものなのである。「明治の精神」は、ざらざらしているとは、私がよく使う表現だが、「明治初年の精神」は、「地は定形《かたち》なく曠空《むなし》くして黒暗淵《やみわだ》の面《おもて》にあり」という混沌の中にあったのである。橋川文三は「旧約期」という直観を語った。『旧約聖書』の「創世記」の冒頭に「元始《はじめ》に神天地を創造たまへり　地は定形なく曠空くして黒暗淵の面にあり神の霊《れい》水の面を覆たりき　神光あれと言たまひければ光ありき」（第一章一、三節）とある。「旧約期の明治」の日本人は、まさに「光」を待望していたのである。

第二節　「台木」と「接木」

「人間の欲望の解放」としての「日本の近代」

「旧約期の明治」とその後の「日本の近代」を区分するのは、大体明治十八年くらいといえるかもしれない。精神史を反映するものとしての文学史を振り返ってみると、この年に坪内逍遥の『小説神髄』が出て、「日本の近代」文学の流れが決まったのであった。中村光夫は、『明治・大正・昭和』（昭和四十七年）の中で「近代文学が人間解放の文学だとしますと、人間の解放が敗戦の結果、文学とは縁のないところで出来上がってしまった。それは完全にできたとは云えないけれども、少なくとも明治・大正の文学者が意識したところよりもかえって徹底した形で実現してしまったと云えるかと思います。だから、近代文学は、知らない間にその使命を果たしてしまった。ところが新しい使命というものはまだ見つからない。こうなると文学の通俗化というか、娯楽化というか、そういうことが一種の必然であるということも考えられるわけであります。」と書いている。そして、第二の『小説神髄』が書かれない限り、文学は読み物として存続するだけであろうと予言している。この予言は、おおよそ当っているのであり、そして、第二の『小説神髄』が書かれていないのはいうまでもない。

坪内逍遥の『小説神髄』の中の「小説の主脳は人情なり。世態風俗これに次ぐ。人情とはいかなるものをいふや。曰く、人情とは人間の情欲にて、所謂百八の煩悩是なり。」という一節にあらわれているように、日本の近代文学とは「人間の情欲」の表現なのであった。そして、この「人間の情欲」の「解放」が果てまで行ってしまったのが、今回の大震災に見舞われた日本に他ならなかった。結局、『小説神髄』が発表された明治十年代の後半から、日本は「人間の欲望の解放」を是として近代化を推し進めていたのである。今日問われているのは、この「人間の欲望の解放」を肯定して経済成長してきた「日本の近代」に他ならないのである。この明治十年代後半から加速する「欲望」の近代を問い直すためには、それ以前の日本、すなわち「旧約期の日本」が持っていた可能性を探究することが必要なのである。

文学史でいえば、『小説神髄』が出る前の明治十年代に、いわゆる政治小説が盛んに読まれたことが思い出されるであろう。有名な東海散士の『佳人之奇遇』や矢野龍渓の『経国美談』、末広鉄腸の『雪中梅』などである。そこには、『小説神髄』が方向づけた「人間の欲望の解放」の描写としての近代文学とは違った可能性があったのではなかろうか。

「原明治人」の風貌

そして、この「旧約期の明治」という明治の初年には、「異形」という言葉も連想されるのである。坩堝のように思想が溢れる時代とは、「異形」が生まれるのに違いない。私が、「海ゆかば」の作曲家、信時潔《のぶときkiyoshi》について一冊の本を上梓したのは、平成十七年のことであるが、この本を貫いているライトモチーフは、「明治初年的異形」という言葉であった。信時は、明治二十年生まれである。八年生まれの如是閑が、自らは明治人ではないといったくらいだから、信時は明治人とはいえないかもしれないが、橋川がいうように「明治人の年齢的な上限・下限を区切ってみても仕方のないことである」。要は、精神の在り方である。信時は、風貌からして「原明治人」のようなところがあった。『信時潔』の中でも引用した、弟子筋の高橋均の「信時潔伝抄」の中の信時の風貌について書かれている描写を見てみよう。

　眉毛と揉み上げが太く濃く、頰から下へかけての部分が広く長く、細い眼は鋭く光り、額には深いシワが刻みこまれ、高い頭頂を覆う密生した一分刈りの頭髪、頰から顎にかけての剃り残した無精ヒゲ、巨大な握りこぶしをあんぐり呑み込む特別構造の口、何もかもがけた外れの容貌のなかで、耳朶と鼻だけが十人並の普通型なのがかえって人目を惹く。

戦前は大男の部類に属した一七五センチの背丈に乗っているこのゴツイ顔と大きな頭、十一文の足袋をはく足、その骨太の五体を包む縞目のわからぬ黒っぽい着物と黒木綿の羽織に小倉織の袴——こんな明治初年的異形の人物を見かけて、これが官立東京音楽学校の西洋音楽の教師と見抜く人はまれであろう。


この「明治初年的異形の人物」の肖像写真としては、写真家の田沼武能氏が撮ったピアノの前にすわったものが、代表的な一枚であろう。この写真は、拙著のカバーに使ったもので、多くの読者はこの写真の姿に感銘を受けたようである。

信時の大阪の市岡中学のときの同級生に、「東の劉生、西の楢重」といわれた、洋画家の小出楢重がいた。十数年ほど前に開かれた「小出楢重展」のカタログの中に、田辺信太郎という人の「彼には大阪的なものと、近代的なものと、明治初年的なものと、それが複雑に混融」していたという言葉が引用されていた。小出も「明治初年的異形」の精神を持っていたということであろう。信時は、バッハをはじめとするドイツ古典音楽を主として西洋音楽を深く学び、「海ゆかば」や交声曲「海道東征」といった、まさに「日本」としかいいようのない音楽を作曲した。小出も、西洋絵画の影響の下にありつつも、それを批判的に摂取して、これもまさに「日本」の油絵としかいいようのない絵画を創作した。

このような、精神上の、あるいは文化的な、いわば離れ業をやってのけたのは、「明治初年的異形」の人物だったからに他ならない。そもそも、明治の日本とは、司馬遼太郎が『「明治」という国家』で謳い上げた明治国家の形成とは、すばらしい「離れ業」ではなかったであろうか。私が、「明治初年」の「旧約期の明治」に立ち戻ろうとしているのは、この「明治初年的異形」の精神の中に、豊かな可能性が潜んでいるように感じるからである。

この「明治初年的異形」は、江戸の日本が西洋の文明とぶつかった衝撃から生まれたものであり、その坩堝のような激しい精神の劇は、まさに異形なるものといわざるをえないものであった。内村鑑三は、「武士道に接ぎ木されたる基督教」といういい方をよく使ったが、「明治の精神」とは、つまり「接ぎ木」である。江戸時代に醸成された武士道や儒教、あるいは国学的な教養といったものによって形成された「台木」としての日本人の精神に、西洋文明のさまざまなものが「接ぎ木」されたのであった。夏目漱石とか森鷗外といった漢文的な教養の深い青年に、英国文学や独逸文学といった西洋文学が「接ぎ木」された。岡倉天心には、西洋美術が、中江兆民には、仏蘭西の共和思想が、それぞれ「接ぎ木」された。彼らの「台木」と「接ぎ木」されたものは、強烈なまでに対比的なものであった。あえていえば、「異物」が突き刺さったのである。このような苛烈な「接ぎ木」の結果、育っていった樹木が、「異形」になるのは、ある意味で当然であろう。しかし、「明治初年的異形」は、単に変な「異形」ではなかった。実に豊かで深い精神的果実をその奇怪にのびた枝々にたわわに付けたのである。

精神の「るつぼ」

この「明治初年的異形」とは、もちろん精神の相貌を指したものではあるが、信時潔の風貌に現れているように、外見的にも見てとれるものである。それは、明治初年の風俗のさまざまなものにも、見て取れるように思う。例えば、今思いつくところで一例を挙げるならば、戊辰戦争のときの官軍の「しゃぐま」である。子供のときから、幕末維新期を舞台とした時代劇の映画などを見ていて、不思議に強烈な印象をうけたのを記憶しているのは、そこに登場する官軍の隊長たちが頭にかぶっている「しゃぐま」といわれるものであった。特に覚えているのは、何の映画かは忘れてしまったが、幕末の京都で暗躍していた中村半次郎、人呼んで「人斬り半次郎」の「しゃぐま」である。京都時代には、もちろん羽織、袴で太刀をふるっていた半次郎が、桐野利秋となって官軍の隊長として登場してくるとき、頭に奇怪な「しゃぐま」といわれるものをかぶっている姿を見て、何とも不思議な格好だと思った。その印象は、明治初年という時代を思うとき、真っ先に思い浮かぶほど鮮明である。

先日、横浜の馬車道にある神奈川県立歴史博物館に行った。ここに、赤い「しゃぐま」が展示されていると聞いていたからである。確かに、あった。不思議に生々しい物体で、説明文には、「戊辰戦争のさいに官軍の一部が陣笠の代わりにかぶったものである。威嚇や防寒、防暑、防湿のためにつかわれたと思われる。材質は布にヤクの毛を植えこんだもので、この毛は各色に染められ、藩ごとに色がことなった。赤色は土佐藩、白色は長州藩、黒色は薩摩藩であった。毛の長さは一メートルほどである。」と書かれていた。ということは、ここに展示されているものは、土佐藩のものであるということになる。では、板垣退助は、この色のものをかぶって、会津戦争を戦ったはずである。

この「しゃぐま」のようなものは、能や歌舞伎などの古典芸能で見たことはある。その場合も十分「異形」であるが、その舞台の演者は袴のような和装を着ているのである。それに対して、この官軍の軍人に「転向」した武士は黒の洋装軍服、いわゆるダンブクロ姿であり、その頭に「しゃぐま」という取り合わせが何とも「異形」なのである。説明文に「威嚇」のためとあったが、確かにこのかぶりものの「威嚇」にはただならぬ迫力がある。「防寒、防暑、防湿」のためとは思われない。戊辰戦争の当時を思い浮かべるならば、この官軍の隊長たちの風体は、戦場に異彩を放ったに違いないことであろう。薩摩藩は黒色であったということは、映画の桐野利秋は、黒色の「しゃぐま」をかぶっていたということになるが、記憶では白色か赤色だったような気がする。

日本人の黒髪とは全く違った白や赤だったから、深い印象を受けたと思われるからである。

私が「明治初年的異形」の典型の一つとして思い浮かべるのは、この「しゃぐま」であり、これをかぶっていた官軍に「転向」した武士は、その時代精神を象徴しているように思われる。確かに「明治初年」とは、橋川文三がいうように「るつぼ」の時代であった。この「精神」の「るつぼ」の中に飛び込んでいけば、何か今日の日本の重苦しい閉塞を突き破るものが、見つかるのではないか。これから、私が試みるのはそういう精神的潜水作業に他ならない。

第一章 山田風太郎の明治小説

第一節　山田風太郎の真骨頂

「怪物」の生き得た時代

山田風太郎の『明治小説全集』全一四巻（ちくま文庫）は、明治初年の時代、言い換えれば旧約期の明治を考えるに際して、実に貴重な作品群である。山田風太郎の真骨頂は、これらの明治小説に発揮されているように思われる。

山田風太郎といえば、伝奇小説、推理小説、時代小説のそれぞれのジャンルで話題作を量産した、戦後日本を代表する娯楽小説家の一人というのが世間の通り相場であろう。『甲賀忍法帖』をはじめとする忍法帖シリーズは、世に忍法ブームを巻き起こした。奇想天外なアイデアにあふれた大衆小説の書き手という評価であり、晩年は『人間臨終図巻』や『あと千回の晩飯』などによって独特な死生観を示した。

しかし、山田風太郎という作家は、世評以上の深さを持った才能であり、多作された娯楽小説は、世を忍ぶかりの姿といってもいいのではないか。『戦中派不戦日記』の「あとがき」（昭和四十八年三月）の中の「私はいまの自分を『世を忍ぶかりの姿』のように思うことがしばしばある。」という言葉は、本音であろう。同じ日記の昭和二十年一月十五日のところに「このごろ他と情に於て交渉するが煩わしければ、ことさらにとぼけ、飄然とす。」と二十三歳で早くも書いているように、韜晦趣味もあるようである。山田風太郎といえば、「飄然」という言葉がよく使われるが、この「飄然」は親しみの表現というよりも韜晦なのである。

これまで山田の忍法帖や推理小説など読んだこともなかったし、関心も持っていなかったが、ふとしたことから山田の明治小説を読んで、これは端倪すべからざる作品だと思った。

どうも、大衆文学の作家の中には、書いていくに従って、泥水が澄んでいくように才能が純粋になっていくタイプがいるようである。初期の豊かな才能の混沌が、次第に磨かれていき、傑作をものするようになっていく。例えば、チェーホフである。若い頃、生活のために、ユーモア小説の短篇を書きまくっていたチェーホフは、それによって筆が荒れるどころか、却って作風が深く澄んでいき、ついに晩年の玲瓏たる作品群に結晶したのであった。チェーホフは、明治小説の一篇『ラスプーチンが来た』に登場している。日本の作家では、大佛次郎である。大佛次郎もお金のために鞍馬天狗シリーズから出発したが、戦後は『パリ燃ゆ』で史伝に進み、ついに未完に終わった畢生の大作『天皇の世紀』を遺した。大佛次郎については、エッセイ「わが町・わが本」の中で、大佛の「死なぬ伊織」という小説を青年時代に読んだ記憶を書いているが、それは「いい小説であった」といっている。チェーホフや大佛次郎にあるのは、才能の質の良さであり、これは才能の豊かさとは違うものである。それは、山田風太郎の場合もいえることであり、それは、晩年に刊行されて話題になった日記『戦中派虫けら日記』『戦中派不戦日記』『戦中派焼け跡日記』などによくあらわれているであろう。山田風太郎には、歴史家としての素質があり、その素質が明治小説で活かされている。『同日同刻――太平洋戦争開戦の一日と終戦の十五日』という作品には歴史家、山田風太郎の本領が発揮されている。この才能が、明治小説に活かされているのであり、山田自身が明治小説を自分の仕事の中でもいいものだと考えていたことは、『風々院風々風々居士――山田風太郎に聞く』（聞き手 森まゆみ）の中で「ぼくはねぇ、忍法帖シリーズよりも、明治ものの方が、上だと思ってんですよ、けど売れないね、明治ものは。」といっているのでも分かる。一方、『戦中派動乱日記』の中では「探偵小説は決して芸術もしくは文学とはなり得ない」（昭和二十五年四月三日）と書いていて、結局つまらないものを量産していることを、はっきり認識していたのである。

渡辺京二氏が『幻影の明治』に収められた「山田風太郎の明治」の中で、山田の明治小説を絶讃しているのは、やはり慧眼である。「おもしろいだけではない。私は作者の幕末明治期についての知識が第一級であることに感心した。」と書かれている。

最初に読んだ明治小説は、『明治バベルの塔』である。ある人から、この小説に内村鑑三が出てくると聞いたからである。この小説は、万朝報の社長黒岩涙香、社員の幸徳秋水、内村鑑三などが登場する。足尾銅山鉱毒事件が背景になっており、田中正造も出てくる。確かに内村鑑三の年譜などで、万朝報で英文欄の主筆をしていた頃、幸徳秋水、堺利彦などと同僚だったという記述があって、これはこれで印象深い事実なのだが、この小説で、内村鑑三と幸徳秋水が、社長室で黒岩涙香と語っている場面を読むと、それが眼に見えるようであり、二人が同僚であったということは、当然日常的なやりとりがあったという、いわれてみれば当たり前のことに気がついて、明治という時代がある奥行きを持ってくる。内村が秋水のことを「羽織を着たアイクチだ」と評していた、という記述も何か血肉化してくるようである。内村鑑三は、『明治断頭台』の中には、少年として顔を出し、『ラスプーチンが来た』では、いろんな場面で登場する。山田が、内村鑑三にこのように明治小説の中でかなり重要な役回りをあてがっていることに興味を覚える。そもそも、山田風太郎の明治小説に登場する実在の人物を点検してみると、政治家たちは当然多く出てくるが、文学者や思想家はあまり多くはない。北村透谷は、「風の中の蝶」でとりあげられているが、この自由民権運動の悲劇はよくとりあげられているといってもいい。森鷗外は、「築地西洋軒」で出て来るが、このエリスとの話は、あまり事新しいものではないであろう。それを考えると山田風太郎の内村鑑三のとりあげかたの多さは眼をひくのである。同じ基督者の新島襄などが、『地の果ての獄』にちょっとだけ出て来ることと照らし合わせると、ますますそのような印象が深まる。もう一ついえば、札幌農学校の同期生、新渡戸稲造は一度も山田の明治小説に顔を出さないのである。

この『明治バベルの塔』の中で、秋水が涙香について「とにかくあの人は一種の怪物だ。よく栄龍姐さんが惚れたものだと思うが、しかし私から見ても、たしかに世の常の人じゃない魅力がある。」と語るところがある。この「怪物」という言葉は、山田風太郎の明治小説群を貫くライトモチーフである。山田風太郎の明治小説とは、つづめていえば、明治時代を生きた「怪物」たちの物語であり、明治時代とは、「怪物」が生き得た時代であるということも伝わってくる。河上徹太郎が、小林秀雄との対談「歴史について」の中で「要するに明治という時代は、時代そのものが気宇壮大で、昼間のお化けでも出そうなところがある。天心のような男が生きるのに適しているのだ。」と語っていたのを思い出す。

ポジの明治・ネガの明治

山田風太郎が明治小説に本格的に取り組んだのは、『警視庁草紙』（昭和四十八年七月〜四十九年十二月）である。その後、『幻燈辻馬車』『地の果ての獄』『明治断頭台』『エドの舞踏会』『明治波濤歌』『ラスプーチンが来た』『明治バベルの塔』と続き、最後は『明治十手架』である。「伝奇小説の曲芸」というエッセイの冒頭で「以前にも、明治を扱った中・短篇は書くことは書いていたのだが、やや本気で長篇の『明治の時代小説』を書きはじめたのは、『幻燈辻馬車』が、『警視庁草紙』につづいて二作目である。」と書いている。

ちくま文庫の全集に収められている中・短篇は、「天衣無縫」「明治忠臣蔵」「絞首刑第一番」などかなりの数があるが、これらはまだやはり「伝奇小説の曲芸」の作風が強く、「本気で」書き始めた『警視庁草紙』以降の長篇作品とは質の高さが違うように思われる。この『警視庁草紙』が書き始められた昭和四十八年という年に注目していいかもしれない。前述したように、『戦中派不戦日記』の「あとがき」に「私はいまの自分を『世を忍ぶかりの姿』のように思うことがしばしばある。」と書いたのがこの年だからである。山田は明治小説に本格的に取り組むことで、「世を忍ぶかりの姿」からの脱却を願ったのではないか。「戦中」の青春を読み直したとき、戦後という「かりの姿」の向こうに「明治」という「本気」の時代が見えてきたのであろう。

第一作の『警視庁草紙』は、明治六年十月に征韓論に敗れた西郷隆盛が、東京から鹿児島に帰っていくところから始まり、明治十年二月銀座煉瓦街で、鹿児島に向かう官軍の行進の場面で終わる。まさに明治初年、西南戦争までの時代が背景になっている。『幻燈辻馬車』は、明治十五年早春から明治十七年頃までの物語であり、『地の果ての獄』は、第一章が「石狩・明治十九年秋」である。『明治断頭台』は、明治二年秋から始まる。『エドの舞踏会』は明治十八年の鹿鳴館を舞台にしている。『明治波濤歌』は、連作集だがそのほとんどは明治初年のことを扱っている。『ラスプーチンが来た』（ちなみにこの小説の初出時のタイトルは『明治化物草紙』であり、この方が内容に合っているように思われる。この「化物」という言葉も、前述した「怪物」と同じく山田風太郎の明治小説のライトモチーフであるからである）と『明治バベルの塔』は時代がやや下って明治憲法発布後のことになるが、最後を締めくくる作品『明治十手架』は、やはり明治七年の早春から明治十六年頃までの話である。

このように山田風太郎の明治小説の扱っている時代を検討したのは、そのほとんどが明治初年、すなわち旧約期の明治だということを確認したかったからである。山田は「明治人」と題したエッセイで次のように書いている。

一時「明治人のバックボーン」という言葉が云々されたことがあった。明治人にはバックボーンがあった。それにくらべて、いまどきの若い者は――というガイタンで、ガイタンしたのはむろん自分を「明治人」とかんがえている人々である。

しかし、僕はこう思った。

「明治人」とは、明治時代に活躍し、いわゆる明治の古き良き時代を創りあげた人々のことであって、乃木大将にしたって、福沢諭吉にしたって、夏目漱石にしたって、それはたいてい文久とか慶応に生まれた人々である。自称「明治人」たちは、そこを狡猾にすりかえている。僕自身は大正の生まれだが、大正人だとは思っていない。昭和人だと思っている。もし強いて世代論をいうなら、明治生まれの自称「明治人」こそ、あの未曾有の大敗戦をまねき、戦後においても滑稽なほどの醜態をさらした日本歴史上比類のない骨なしの世代ではなかったかと。

ただし、僕自身は、明治時代をそれほど「古き良き時代」とは考えていない。むしろいまの僕たちの感覚では、がまんしきれないほどの陰惨で酷烈な時代ではなかったかと想像している。まあ、それだけ「ほんものの明治人」には、たしかに骨があったわけだ。

明治を創りあげたのは、「文久とか慶応に生まれた人々」であり、つまり人間形成期が明治初年の人間なのである。山田風太郎の明治小説とは、「明治の古き良き時代」を扱い、それを讃えたものではなく、明治初年の「いまの僕たちの感覚では、がまんしきれないほどの陰惨で酷烈な時代」を描いたものなのであることは注意を要する。

ここで同じく明治を描いた司馬遼太郎のことを思い出すならば、司馬と山田は一歳違い（司馬の方が年下）であることは興味深い。司馬が『坂の上の雲』や『「明治」という国家』で讃えたものとは、まさに「明治人のバックボーン」であろう。いわば司馬がポジならば、山田はネガなのである。ポジを描いた作家の方が、読者が多く文化勲章を受章することになったのであろうが、ネガを提出した作家には、大衆小説作家というレッテルを貼っておいた方が無難なのであろう。ネガは、「陰惨で酷烈な時代」としての明治時代だからである。

しかし、ポジの明治を讃えることには、実は「狡猾」さが潜んでいないであろうか。現代の日本を正視することを避け、ポジの明治へのノスタルジーの中で「狡猾」に誤魔化そうとしていないであろうか。司馬作品の愛読者には、そのような人々が混ざっているように感じられる。

司馬遼太郎の作品で「坂の上の雲」を目指す明治は、もう十分語られてきた。今日の、「坂の下の」混迷のただ中に沈んでいる日本に必要なのは、ポジの明治ではなく、ネガの中に潜んでいるもののように思われる。山田風太郎の明治小説というネガに、ある現像液を使ってみれば、そこには現代という、ある意味で「陰惨で酷烈な時代」を生きるために必要な精神が浮かび上がってくるのではなかろうか。

第一作『警視庁草紙』の主たる登場人物の一人が、薩摩人、川路利良であることも山田風太郎の明治小説らしいことである。川路は、この他『明治断頭台』でも重要な役回りであり、連作集『明治波濤歌』の中の一篇「巴里に雪の降るごとく」の主役である。山田が、川路利良のような人物に深く惹かれていたことが感じられる。この司法省警保寮大警視（後の初代警視庁総監）について、次のように、序章の第一節の最後にも引用した『旧約聖書』の冒頭が連想されているのは、明治初年の時代を象徴する人物の一人として川路利良を描く、山田の見ているものが暗示されているようである。

地はかたちなく空《むな》しくして黒暗淵《やみわだ》の面《おもて》にあり、神、光あれと言いたまいければ——とは、「創世記」の冒頭の一節だが、この警視庁創世記のときにあたって、聖書は知らず加治木警部は、その初代長官に、光よりも黒暗淵のようなものをはじめて感じた。

川路利良は、旧約期の明治を代表する人物の一人であり、「黒暗淵のようなもの」を秘めている人間であった。山田は、明治初年が抱えていた「黒暗淵」に魅入られていたといってもいい。この明治初年については、山田は『明治断頭台』の冒頭に次のように書いている。

大戦争とか大革命とかが終ると、たいていの国に数年間、「空白の時代」が訪れるようだ。むろん、おびただしい流血のあとだから、勝利者の驕りと懲罰、敗北者の卑屈と怨恨の葛藤は平和時にまさって強烈に渦巻いているのだが、それにもかかわらず、あとでふり返ると、なぜか空白の印象がある。太平洋戦争が終ってからの数年がそのいい例だ。

そして、明治初年がまたその通りであった。

太平洋戦争の敗北時ほど全国民的な虚脱感はなかったが、同時に、平和にひたる心からの安堵感もなかった。敗者はもとより勝者も、しばらくは何から手をつけたらいいのか、何をすればいいのか、まったく昏迷におちいっていた点では、それ以上であったように思われる。

いや、その時代に生きていた人々は、空白どころか、死物狂いのキリキリ舞いをしていたつもりであったかもしれない。げんに、新しい役所は筍のごとく生まれ、新しい布達は雨のごとく下され、新しい思想や風俗は、こじあけられた港から洪水のごとく流れ込んだ。しかし同時に、旧時代よりなお古怪な役所、法令、思想、風俗もまた亡霊のように復活し、プラス・マイナス・ゼロといわないまでも、七彩をかきまぜて灰色の混沌と化した感があった。

この『明治断頭台』は、末尾に歴史的な年表の記述のような二行で終わる。「明治四年七月、弾正台廃セラル。／明治五年五月、川路利良、邏卒長トナル。」このようなところにも、山田の川路に対する深い思いが感じられる。それはさておき、この『明治断頭台』の冒頭に書かれたような「混沌」は、明治小説群の中では、「明治のムチャクチャぶり」というようないい方で何回も言及されている。川路利良の他に、『ラスプーチンが来た』の主人公に若き日の明石元二郎のような人物を選んでいることにも、山田が明治を「七彩をかきまぜて灰色の混沌」と見ていることがあらわれている。この小説の冒頭で明石について、「明治軍人中の化物であった」と書かれている。「昼間のお化け」であろう。

山田風太郎の明治小説群の小説のあらすじを書いてみたところで仕方あるまい。「奇想天外」な話の展開であり、あらすじが書けるようなしろものではない。しかし、山田の明治小説群を読んでいてだんだん感じられてくるのは、この「奇想天外」なところが実は、明治初年の日本をよくとらえているのではないかということである。この、ある意味で「ムチャクチャな」明治小説は、「ムチャクチャな」明治初年に合っているのである。

『幻燈辻馬車』の中で「明治は日本の最高の栄光時代であると同時に、また最暗黒時代でもあった。」と山田は書いている。司馬は「明治は日本の最高の栄光時代である」というであろうが、山田は「また最暗黒時代でもあった」と付け加える。そして、この「最暗黒」は、『旧約聖書』の「創世記」の「黒暗淵」に通ずるのである。

「私利私慾」を超えた「何か」

この「黒暗淵」に「光」が射すかと思われるのは、連作集『明治波濤歌』の中の一篇「横浜オッペケペ」である。川上音二郎、貞奴、野口英世が登場する作品だが、川上音二郎と野口英世について、次のように書かれている。

どんな窮境にあっても、何、なんとかなるさ、という楽天性を失わないことで、川上と野口は似ている。

そういえば、年齢もタイプもちがい、志望も大ちがいだが、この二人には、ふつうの人間ときわだって異なっている共通の性質がいくつかあった。
そのガムシャラなヴァイタリティ、その馬車馬のような突進性、その山師的ともいえるハッタリ、人の意表に眼をつける独創性、そして何よりも、自分の目的のためにはほかの人間にどんな泥水をひっかけようとてんで意に介しない、強烈無比のエゴイズム。
それからもう一つ、そのくせどちらも「なぜか助勢してやりたくなる」だれかを持っていることにおいて。

そして、小説の終りの方で、この「エゴイズム」に次のような指摘をしている。

川上音二郎にしても野口英世にしても、強烈なエゴイズムの熱塊であった。それは人間すべてがそうだといえばいえるが、しかし彼らには、ただの私利私欲とは次元とニュアンスのちがう何かがあった。それゆえに彼らは、のちのちまで人々の胸に好意あるいは敬意の念を残したのである。

この「横浜オッペケペ」の第三章は「明治ドン・キホーテ」と題されている。山田風太郎の明治小説群は、つまるところ、この「何か」を書いたものである。明治人（限定すれば、山田風太郎が描いた川路利良をはじめとする登場人物たち）は、この「何か」を持っていた。それを山田は、「怪物」「化物」とも呼んだのであった。彼らは「明治ドン・キホーテ」に他ならないからである。山田風太郎という、人間のエゴイズムと世界の不条理を見つめ続けた作家は、ついに人間における「私利私慾」を超えた「何か」を書きたかったのである。

第二節　「すっとんきょう過ぎ」る時代

『地の果ての獄』以後

この「何か」が「黒暗淵」の上に、「光」のように強く射してくるのは、『地の果ての獄』あたりからである。この小説の主人公は、有馬四郎助である。この、やはり奇想天外な小説には、末尾に「有馬四郎助略年譜」が付いている。「伝奇小説」としては、不要であろう。しかし、歴史家、山田風太郎はこれを書くのである。

有馬四郎助略年譜

元治元年。鹿児島に、薩摩士班益満《ますみつ》喜藤太の四男として生まれる。

明治二年。有馬家の養子となる。

明治十二年。満十四歳にして鹿児島の小学校訓導となる。明治の小学校の面白さ。

明治十九年。北海道集治監看守となる。

以後、北海道各集治監を歴任するが、このころまで四郎助は勇猛な武断の行刑吏として印象をとどめている。しかし、人の魂の旅は幾山河、明治二十年代の終りごろから、彼はしきりに聖書をひもとくようになる。

明治二十八年。内地に赴任、浦和監獄典獄となる。

明治三十一年。麻布霊南坂教会において、牧師留岡幸助より洗礼を受け、留岡とは終生の友となる。

明治三十二年。横浜監獄典獄となる。

このころ、十七歳にして放火殺人の罪を犯して無期徒刑となり、いちどは脱獄したこともある一凶悪囚が、その後獄中で回心し、模範囚となり、二十三年ぶりに仮出獄を許されたとき、早朝裏門を出ると、そこに有馬典獄が立っていて、

「今日は私は典獄ではない。君の友達だ」

といって、官舎に連れてゆき、大切な賓客のように待遇したという挿話がある。

明治三十七年。小田原にて少年囚釈放者保護事業を始める。

大正四年。小菅監獄典獄となる。

大正十二年。九月の関東大震災に際し、小菅刑務所に軍隊が出動して、銃剣をもって囚人の逃走を警戒しようとしたとき、有馬刑務所長は、せっかくですが、ここにはその必要はありません、と謝絶した。一人も逃走しない囚人を眺めつつ、有馬の眼から滂沱として涙が流れつづけていたといわれる。のちにアメリカのウイスコンシン大学社会学のギリン博士が来日した際、大震災に小菅から一人の逃亡者も出なかった原因について質問したのに対し、有馬は答えている。

「あなたは、多分、私がクリスチャンであることを御存知でしょう。私は彼らを囚人としてではなく、人間として処遇します。私はキリスト教について説教はいたしません。ただ私は彼等と友人になろうと努力します」

昭和二年。豊多摩刑務所所長となる。

昭和九年。死去。満六十九歳。

免囚保護の父といわれる原胤昭とならんで、有馬は後まで「愛の典獄」と呼ばれる。

この北海道の厳しい自然を背景にした「大衆小説」（この作品は、『オール読物』に連載された）も、第三章が「囚徒行伝」と『新約聖書』の「使徒行伝」をもじっているように、その奥に深刻なものが秘められている。「免囚保護の父といわれる原胤昭」とあるが、この原胤昭は、『地の果ての獄』の第一章「石狩・明治十九年秋」の冒頭で、有馬四郎助と北海道に渡る船の甲板で会話を交わすところから登場している。この二人の描かれ方に、山田の思い入れが感じられる。前述の『風々院風々風々居士』の中では、原のことを「あれはじつに快男児だね。」といっている。

「どこからおいでですか」

手すりにもたれて、トウトウたる波がしらを飽きもせず眺めていた有馬四郎助は、ふいに呼ばれてふり返った。

黒い山高帽に、粗末な黒い詰襟の洋服を着、黒い脚絆にわらじをはいた三十半ばの男であった。ただ、黒ずくめの中に、頸をとりまいた細い鎖だけが、キラキラと銀色にひかって見えた。

蒼白く痩せてはいるが、ふしぎなほど明るい笑顔につられて、

「上方ごわす」

と、四郎助は答えた。この船は、神戸から出て、横浜を経て来たのであった。

「おや、あなたは鹿児島のおかたですか」

「はい」

彼は鹿児島から来て、神戸でこの船の出航を待っていたのであった。

「それで、北海道のどこへ?」

四郎助はちょっと考えて、

「月形ごわす」

といった。

「えっ、あの樺戸集治監のある月形へ。——」

相手は、眼をまろくした。四郎助がちょっと考えたというのはそのせいであったが、相手が眼をまろくしたのは、ただそのことに驚いただけではなかった。

「実は私もそこへゆくのです」

こんどは、四郎助がまばたきした。

「あんたは……お役人ごわすか」

「いえ、キリスト教の教誨師で、原胤昭と申します」

「耶蘇ごわすか。耶蘇の……何でごわすと?」

わからないなりに、四郎助の表情には、反射的な拒否感が浮かんだ。

「教誨師。——監獄で、囚人たちにイエス・キリストさまのお教えを説くのが私の仕事です。……もっとも、樺戸集治監へ、招かれてゆくのではありません。いまのところ、私のほうから出かけていって、まず典獄にその必要を説かねばならない段階ですが」

原教誨師は落着いた口調でいって、小首をかしげながらまた訊ねた。

「あなたは月形に何しにゆかれるのです」

本能的な反撥は消えなかったが、答えずにはいられない原胤昭のやさしい眼であった。

「看守ごわす」

「ほう？　あなたは集治監の看守なのですか。そうは、見えないが。——」

「向うへいって、任務につくことになっております」

四郎助は昂然と答えた。


その少し先に、「耶蘇教は知っているが、切支丹バテレンといったほうが、まだ彼の理解に叶う。」とも書いてあるが、前述の「有馬四郎助略年譜」の「以後、北海道各集治監を歴任するが、このころまで四郎助は勇猛な武断の行刑吏として印象をとどめている。しかし、人の魂の旅は幾山河、明治二十年代の終りごろから、彼はしきりに聖書をひもとくようになる。」という記述が思い浮かばれるであろう。

江戸の与力からサムライ・クリスチャンへ

原胤昭という人物は、山田風太郎の明治小説の第二作『幻燈辻馬車』に早くも登場していて、山田の「あれはじつに快男児だね。」という愛着も分かる。『幻燈辻馬車』で原胤昭が出てくるのは最後の章だが、その章は「明治叛臣伝」と題されている。田岡嶺雲の著作『明治叛臣伝』から、最終章の題をもってくるところにも、山田の端倪すべからざる歴史家の眼光があるように思われる。そして、明治小説の最後を飾る『明治十手架』の主人公が、他ならぬ原胤昭なのである。『地の果ての獄』には、有馬四郎助の略年譜が末尾に付されていたが、『明治十手架』になると、第一章に「原胤昭座談抄」が置かれ、最後の章は「原胤昭座談終篇」である。歴史家、山田風太郎の面目が一段と出てくるのである。

「原胤昭座談抄」の中で、原は、「御一新のとき、私原胤昭は弥三郎といい、泣く子も黙る八丁堀の与力でした。」と語っている。年は、十六であった。また、「ご承知のように、私は明治十七年、日本ではじめてのキリスト教の教誨師ってえものになり、明治三十年ごろからここで、これまた日本ではじめての免囚すなわち出獄人の保護という仕事にとりかかったものですが、きょうはそれよりもまだ昔の——そもそも私が洗礼をうける前後の話をお聞かせしようと思う。」とも述べているが、江戸の与力が、明治維新後に基督者になったというのは、まさに旧約期の明治に相応しい日本人に起きた精神的事件である。この精神の劇についての山田の透徹した理解の基盤には、前述した内村鑑三についての深い共感があるに違いない。そして、この共感は、渡辺京二氏が「風太郎はよく正義を信じないニヒリストなどと評されるけれども、それは時代が正義と称するものを信じないというだけで、かえって内心に極めて強い正義感を秘めた人なのである。」
と見抜いている通り、山田が実は「強い正義感」の人だったことによるのである。十手の使い手の与力が、十字架を奉ずる人間になっていくということから、『明治十手架』という明治における十手架なる不思議な言葉が作り出されている。明治の基督教とは、十字架ではなく、十手架のようなものであり、明治初年の精神とは、十手架のような奇怪なものに象徴されるのである。「切支丹の町奴」の章に、次のようなところがある。

その日、カロゾルス神父とドクトル・ヘボンが十字屋を訪れたのは、はじめて胤昭に洗礼を受けることをすすめ、かつ将来監獄のキリスト教の教誨師になる気はないかと打診するためであった。

二人は切々と、その仕事の尊さ、かつそれが日本での最初の試みであることの意味の大きさを説いた。

――が、胤昭はこれまた眼を白黒させ、

「江戸の元与力が耶蘇の教誨師になるなんて、あんまり話がすっとんきょう過ぎまさあ。とんでもねえ。いや、申し訳ねえが、ただいまのところそんな気はありません」

と、頭を下げてことわった。

確かに、「すっとんきょう過ぎ」る話である。しかし、このことが現実に起きたのが、明治初年の精神史の最もクリティカルな問題なのである。この「すっとんきょう過ぎ」る話に似たようなものとして、今井信郎のことが、すでに第一作『警視庁草紙』の「人も獣も天地の虫」と題された章に出てくる。

「しかし、今井さん」

と、歩きながら藤田巡査がいった。

「時世時節とはいいながら、地獄狩りとは情けないね」

話しかけられた今井巡査は、何の答えもしなかった。闇の中なので顔は見えないが、おそらく持前の銅像みたいな無表情に、平生通り何の変りもあるまい、と油戸杖五郎は思った。

この今井という、三十を二つ三つ越えたかと思われる巡査が、かつては幕臣で、北越から会津、箱館までも戦ったという過去を持っている男だとは油戸も聞いていて、やはり「朝敵」となった仙台藩士の履歴のある油戸杖五郎は少なからぬ親近感をいだき、今までも何度かいろいろ話を聞こうとしたことはあるのだが、恐ろしく寡黙な人間で、右の噂以上のことはまだ何も知らない。

ただこの巡査は、ふだんひまなときにはいつも、小さな妙な本を読んでいることが多かった。いちど、それはなんだと聞いて、

「耶蘇の本だ」

と、答えられて、めんくらったことを覚えている。

ひたひたと夜の道を歩きながら、藤田巡査はつづけて話しかけた。

「こうして歩いていると、あんた、京の見廻組時代を思い出しやしないか？　しかし、狩りたてるのが志士というやつとはちがって、今は売女だとはね」

「や、今井さんは、京都見廻組もやられたのですか？」

油戸巡査は、驚いてさけんだ。新選組とともに幕末の京洛で泣く子も黙る見廻組の雷名は彼も知っている。

「昔の話はよそう」

と、今井巡査は重い口調でいった。

京都見廻組今井信郎——という名と、幕末の或る事件とが結びついて一般人に知られたのはずっとあとになってからのことであって、この時点においては藤田五郎巡査も、今井巡査のすべてを知っていたかどうかは疑わしいが、

「いや、警視庁も百鬼夜行じゃねえ」

と面白げにいった。

この「幕末の或る事件」とは、周知の通り、坂本龍馬の暗殺であり、今井信郎は龍馬を切った男であるという説は有力である。この今井信郎が、明治維新後にクリスチャンになる。「めんくら」う話であり、「すっとんきょう過ぎ」る話ともいえるであろう。「百鬼夜行」こそ、旧約期の明治の特徴であった。明治初年に対する関心は、すでに『戦中派虫けら日記』の昭和十九年七月八日のところに「徳川中期以前の歴史は自分にとってほとんど興味のないものとなった。そこに躍る群像は『日本』の意識に薄い。幕末明治の歴史こそ今胸を打つ。吉田松陰、西郷隆盛、大久保利通、伊藤博文、etc、彼らが心血を以て作りあげた日本は、いまや累卵の危きにある。われわれは死を辞せない。しかし一朝にしてこの人々の苦心を水泡に帰せしめるに耐える心を持たない。」と書いている。この二十二歳の記述は、晩年の明治小説執筆を予言していたようにも思われる。この『戦中派虫けら日記』(ちくま文庫)の解説の冒頭に久世光彦が「『聖書』は、この手記を読んでから書かれたのではないだろうか――私は、ふとそう思った。この一人の青年の乾いて切ない目の前にこそ、主は、まずその姿を現してやらねばならない。」と記したのは、何か天才的な直観である。果たして「主」は「その姿を現し」たであろうか。山田風太郎の精神を前にして、この問いは決して「すっとんきょう」なものではないのである。

明治初年を「上手に思ひ出す事」

今日の日本人は、明治時代を振り返るとき、もう十分に整理された歴史のように理解している。幕末明治にかけての激動も、「激動」と受け止められる範囲の話である。ここに、大きな落とし穴がある。小林秀雄は「無常といふ事」の中で、「上手に思ひ出す事は非常に難かしい。」といった。明治初年は、もっと「るつぼ」の混沌に満ちた時代であり、現代人の常識の範囲で納めることはできない。「いまの僕たちの感覚では、がまんしきれないほどの陰惨で酷烈な時代」に他ならない。ある意味では、「すっとんきょう」な時代であるともいえるであろう。この深々とした歴史の感覚を山田風太郎の明治小説群は、実に「上手に思ひ出」させてくれるのである。我々現代の日本人が、明治初年の時代から、何かを学ぶとしたら、この時代の精神史を要領良く整理して理解できるようにすることによってではなく、これまでの通念を壊してますます「るつぼ」化することによってであろう。それが、旧約期の明治を「上手に思ひ出す事」に他ならない。

第二章

服部之総の『明治の政治家たち』

第一節　「人間のわかる人」

中村光夫が描いた服部之総

服部之総のことが、最初に印象づけられたのは、ずいぶん昔のことだが、服部の著作とか服部について書かれたものによってではなかった。これは、ある意味で幸いなことだったかもしれない。マルクス主義者の歴史家・服部之総というレッテルにとらわれなくてすんだからである。

服部之総の名前を初めて眼にしたのは、社会科学系の本の中ではなく、実は文芸評論家・中村光夫の文章の中であった。そこに、スナップショットのように出てくる服部の言動が印象鮮烈で、その後長く脳裡に残っていた。それは、「なぜ作家論を書くか」（昭和三十二年）の冒頭にある。

もう二三年まへのことですが、服部之総氏とある酒席で雑談してゐるとき、氏がにやりと笑つて、「君の商売もずゐぶん変なものだなあ。」と云つたことがあります。

ふと云はれたこの言葉が、いまでも頭に残つてゐるのは、四十になつて小説のよしあしか解らぬ男、それも自分では書けず他人のをあげつらつて飯の種にしてゐる文芸批評家といふ商売が、この聡明な歴史家の眼にどう映じてゐるか、氏の笑ひかたがはつきり語つてゐたからでせう。

「文芸批評家」中村光夫が、「文芸批評家」という「商売」に嫌気がさしてきた頃の文章で、やがて中村が小説を書くにいたることを十分予感させるものだが、「聡明」な中村光夫が、「聡明な歴史家」といっていることがまず、服部を注目させるに足ることであった。また、この服部の言葉の辛辣さと、その裏にある不思議な思いやりというか苦労人の味といった感じが心に残っていたのである。この「にやり」の表情は、ずいぶんと含蓄があるように思われる。このような人生の機微、あるいは精神の危機に対する鋭い眼を服部は持っていたのである。

私は、このようなエピソードから服部之総という人物を信頼したのである。そんなことから、『明治の政治家たち』（岩波新書）を読んでみて、実に面白かった。旧約期の明治のことを考えるとき、この服部の著作は深い示唆を与えてくれるように思われる。この新書のカバーの説明文には、「明治憲政史上有能な政治家として活躍した陸奥宗光、星亨、伊藤博文、板垣退助、大隈重信、山県有朋、桂太郎、西園寺公望、原敬らの出生、性格、政治手腕等について個人書簡その他豊富な資料を駆使して描き出した本書は、人物の面から見た明治政治史であり、偉大であると同時に過誤多かりし明治という時代そして大正昭和と引きつがれた日本政治の特質を示唆する。」と書かれている。この「偉大であると同時に過誤多かりし明治という時代」という複眼的思考、これが前述した中村光夫に対する発言にも通ずる服部之総の人間の奥深さであり、「人物の面から見た明治政治史」こそ、服部の真骨頂が発揮される場所であろう。「人物」を見抜く眼光こそ、服部の才能であり、世の多くの歴史家に不足しているのは、この「人物」を受け止める力である。

『明治の政治家たち』は、上下二巻だが、下巻に付された「あとがき」の日付は、一九五四年十一月になっている。服部が五十六歳で病死したのが、一九五六年三月だから、この著作は服部の最晩年の作品であり、代表作といってもいいであろう。

他に服部の著作で、今日手に入りやすいものは、『黒船前後・志士と経済』(岩波文庫)と『原敬百歳』(中公文庫)があるが、前者の解説を奈良本辰也が書いている。それによれば、服部之総は、一九〇一(明治三十四)年に島根県の真宗本願寺派正蓮寺の住職の長男に生まれている。晩年に『親鸞ノート』『蓮如』を書いているのは、こういう出自と関係している。一九〇一年といえば、例えば小林秀雄は一九〇二年生まれである。小林と同世代であるということを知って、小林たちと同じく昭和の戦前の激動期を生きた人間であることを改めて確認する。京都の第三高等学校に進み、劇作家を志し、三高劇研究会に参加、大宅壮一などと相知る。「文学青年でもあったのである。」と奈良本は書いているが、この「文学」に対する教養は、真の歴史家には必須であろう。服部の「人物」に対する眼光の深さは、ここにも由来しているに違いない。一九二二(大正十一)年、東京帝国大学文学部社会学科に入学、戸田貞三教授の指導を受けたが、新人会に参加、後の日本共産党幹部志賀義雄らと相知った。林房雄とも相知ったことであろう。卒業後、東洋大学の教授となった。同僚に三枝博音がいて、これと終生の交わりを結ぶ。三枝博音も私の関心を引いた哲学者で、その『日本の思想文化』は熟読した。この間、三・一五事件に連累して、二〇日間、拘留されている。

一九三〇（昭和五）年、三十歳のとき、中央公論社に入り、初代出版部長となった。「完全に在野の姿勢となる。」と奈良本は書いている。翌年、中央公論社を辞め、「プロレタリヤ科学研究所」の所員となる。その後の経歴については、次のように書かれている。

次第に色を濃くしてゆく思想弾圧の下で、自由な文筆活動は殆ど不可能に近い状態がやってくる。彼は、その頃「唯物論研究会」の会員でもあり、雑誌『歴史科学』の執筆者でもあった。

そうした考え方を持つ彼が自由に羽ばたける場所はどこにもない。彼は、こうした状況下の生活を花王石鹸株式会社の社史に専念することで支えようとした。一九四〇（昭和十五）年の頃から『初代長瀬富郎伝』の執筆に没頭する。その功を認められてか、花王石鹸は、彼を取締役にあげた。

一九四三（昭和十八）年、彼は花王石鹸株式会社から上海に派遣される。彼が鎌倉山の旭ヶ丘に居を求めたのは、その翌年であった。四五年八月、敗戦と同時に花王石鹸株式会社をやめるまで、彼は大陸担当重役として、上海・満州・朝鮮などに足跡を印した。

一九四六（昭和二十一）年、鎌倉に大学令によらない大学として鎌倉アカデミアが開講した。三枝博音が校長であり、彼は学監としてこれに参加する。吉野秀雄・高見順・三上次男などとの交際が始まったのもこの頃で、彼の交友範囲はいよいよ広くなった。

そして、戦後の「八面六臂の活動」となり、早い死となる。奈良本は、服部が死の前年、茶室兼書斎ともいうべき皆槐書屋を作ったとき、記念にダンス・パーティーなるものが開かれたと書き、「これに三笠宮夫妻が列席されたのは人々の眼を、いや心を驚かせたであろう。」と付け加えている。

以上、奈良本辰也の解説に基づき、服部之総の生涯のあらましをたどってみたが、住職の息子、新人会、東洋大学教授、三・一五事件、中央公論社出版部長、花王石鹸の重役（それも大陸担当重役）、三笠宮の列席、などとみてくれば、服部が中村光夫に向かっていった言葉を使うならば、君の人生もずいぶん変なものだなあ、といえるであろう。奈良本は「彼のような経歴を持てば、在野で頑張るしか他に方法がなくなる。」とも書いていて、「在野」ということを強調しているが、この「在野」もずいぶんデコボコした「在野」である。

しかし、私は、このような服部の屈折に満ちた生涯があったればこそ、歴史と「人物」に対する鋭い批評眼が身に付いたのではないか、と考えている。解説には「戦後の日本史学界で、特に維新史の部門で最も光彩を放っていたのは、彼と羽仁五郎の二人であった。しかし、二人の関係はあまり良かったとは言えない。羽仁は彼を戦時中の韜晦者と見て批判し、彼はそれを小児病的見解と見た。」と書かれているが、「韜晦者」になれるくらいでなければ、明治の政治家の「人物」を書くことなどできない。「小児病的な見解」から、歴史や人物を裁断するのが、マルクス主義歴史家の通弊であった。服部の歴史叙述は、もちろんそういう面を含んでいるが、これを超えたものである。それを可能にしたものこそ、服部の「変な人生」にほかならなかった。

奈良本は、この解説を「歴史は、資料から始まるのではなくて、着想から始まるということを教えるのがこの一書である。」と結んでいるが、この服部の自由な「着想」の淵源は、この複雑怪奇な人生に他ならない。渡辺京二氏は、前述した『幻影の明治』に収められた「豪傑民権と博徒民権」の中で、自由民権についていくつか研究論文をのぞいてみたが、「一番面白かったのは服部之総さんですね。この人は戦前のマルクス主義講座派ですから、古いといえば古いんです。だから言っていることは理論的レベルでは今さら問題にならない人だけれど、何というか、この人の目の行きどころはツボを突いているんですね。第一、人間がわかる人ですね。政治闘争でも、人間がこういう局面に立ったらどうするか、その決意やら行動やらにその人間の質が全面的に出てくる、ということがわかってらっしゃる。わかってらっしゃるだけではなく、それが描写できる。いや才能のある人でした。」と書いている。

ストレイチーと服部之総

この服部之総の批評眼は、『明治の政治家たち』の中に存分に発揮されている。「まえがき」には、「本書でわたしが原敬・陸奥宗光・星亨・伊藤博文・板垣退助とえらんで書いたものは、評伝というよりは、評伝のかたちをかりて書く、明治政治史の素描である。だが、これをもし一貫した評伝として見るならば、ほかならぬ原敬につらなるものとして、わたしはもろもろの人撰をしたものである。」と書かれているが、この「評伝」を一読したとき、その読後感として思い出されたのは、リットン・ストレイチーのことであった。ストレイチーの評伝作品と通じるものを感じたからである。

ストレイチーは、英国の二十世紀前半の伝記作家であり、批評家である。というよりも鋭く生き生きした批評精神を駆使して創造した伝記の著者というべきであろう。『ヴィクトリア朝偉人伝』『てのひらの肖像画』『ヴィクトリア女王』などの伝記文学の傑作によって知られているが、伝記という、えてして膨大な資料がただ並べられ、批評精神を底に持っていない文章によって綴られがちのジャンルを、ストレイチーは文学の高さに達した作品に変えたのである。まず、簡潔であり、余分なものは削り、人物の本質的なるものを絞り込んで、見事な文体を持った文章で書く。これは、『てのひらの肖像画』という一人あたり数頁で書き上げられた一八人の評伝をまとめた著作によく発揮されているが、この作品のエピグラフとして、ホラティウスの「思想が走るには簡潔さが必要であり、冗漫な言葉で疲れた耳を退屈させてはならない。」が掲げられている。『ヴィクトリア朝偉人伝』の序の中に、これまでの伝記作家には「すばらしい伝記を書くことは、すばらしい人生を送ることと同じくらい難しいということが、全く分かっていないのだ。」と書かれているが、ここにストレイチーの伝記が、何故「すばらしい」かの秘密があらわれている。「深い伝記を書くことは、深い人生を送ることと同じくらい難しい」と服部之総ならば、いったかもしれない。服部之総は前述したように五十六歳で死んだが、ストレイチーも、五十二歳の短命であった。こういう、人物に対する洞察に異様な冴えを示すタイプは、円熟の豊かさには無縁なのであろう。「思想が走るには簡潔さが必要」なように、「思想が走るには」人生の簡潔さが必要なのかもしれない。

『ヴィクトリア朝偉人伝』でとりあげているのは、ナイチンゲール、アーノルド博士、ゴードン将軍、マニング枢機卿である。『てのひらの肖像画』の方の一八人には、今日では忘れられた人々が多いが、文学者はほとんど入っていない。これも、ストレイチーの深さであり、伝記文学についての伝統がある（この伝統をストレイチーは批判したのであるが）英国の、いってみれば大人の文化の面を示しているといえよう。

日本の文芸批評家は、小林秀雄もモーツァルトであり、ゴッホであり、ドストエフスキーであったし、中村光夫も二葉亭四迷であった。日本の文学青年的文学風土においては、伝記の対象として、文学者や芸術家がほとんどであった。ストレイチーのように、政治家、宗教家、軍人、看護婦といった人々は、とりあげなかった。あるいは、人生の経験からいっても、とりあげられなかった。伝記を愛好する英国人の文学の方が、大人の文学ということであろう。そういう意味では、服部之総の『明治の政治家たち』は、ストレイチーの仕事に近いもののように考えてもいいように思われる。少なくとも、この本に近代日本政治史に対するマルクス主義的裁断を読み取るよりもましであろう。『明治の政治家たち』一書は、伝記文学の書に入れてもいいようにさえ思うのだが、それはあまりに文学的な読み方といわれるであろうか。

小林秀雄が絶筆「正宗白鳥の作について」の中で、河上徹太郎の名著『日本のアウトサイダー』をとりあげたところで、ストレイチーのことを論じている。

> 河上君はリットン・ストレイチイを、随分身を入れて、愛読してゐた。考へ方の上で、本質的な影響を受けてゐたやうに思はれる。私がこの優れた伝記作家の著作に接する事が出来たのも彼の勧めによつた。「ヴィクトリア朝の名士達」で扱はれたナイチンゲールが、世評

の造り上げたその白衣の天使といふ衣装を剝ぎ取られた人間像に現したのを見た驚きを、今でも忘れずにゐる。苛酷な現実暴露の故にストレイチイが被つたひどい悪評などは、既に去り、今日となつては彼の真似し易い心理学的手法だけは真似た亜流も沢山現れるやうになつてゐるであらうが、さういふ事実は、時勢の表面の移り変りを語るに過ぎず、この伝記作家の名作家たる所以のものは深く隠れてゐるやうに思はれる。

「ヴィクトリア朝の名士達」には魅力ある序文がある。極めて簡潔に書かれた文章だが、盛られた内容は豊かで、暗示に富み、要約は難かしいけれど。――読者は、最初から一種のパラドックスの前に立たされる。「ヴィクトリア朝の名士達」を書いた作者が、その序文では、「ヴィクトリア朝」については、何も彼も皆んなが知り過ぎて了つたので、その歴史などもう書く者はあるまいといふ。驚くべき「情報」(information)の過剰が、今日の歴史家を苦しめてゐる。ランケの勤労もギボンの明敏も、これには参つてゐる。この事実に深く思ひを致すなら、現代の歴史家に、先づどうあつても必要な事は、情報に関する無知(ignorance)ではないかと言ふのである。情報など知らないといふ事でなければ、歴史家には、主題の簡明化など到底覚束なくなつた始末で、歴史家は過去の探求についての作戦の根柢からの立て直しに迫られてゐる。主題の扱ひにしても、今までの尋常なやり方とはむしろ逆になり、主題の側面とか背面とか、誰にも今まで見抜けなかつた暗部にも光を当てなければならない。

要するに、私は歴史の傍観者として「ヴィクトリア朝」に関する理論や説明などが書きたいのではない。そんな易しい事がしたいのではない。伝記を通じて、現代人の眼に、「ヴィクトリア朝の姿」（Victorian visions）がまざまざと映つて来る、そういふ仕事がしたいのである。

確かに、ストレイチーの作品は、その意図を達成しているが、服部之総の『明治の政治家たち』も、「現代人の眼に」「明治」の「姿」（visions）が「まざまざと映つて来る」のような著作なのである。

若き日の元勲たち

さて、『明治の政治家たち』の下巻の最初の章は大隈重信であるが、その冒頭に次のように書かれている。

下級武士あがりの明治元勲たちは、大礼服に似合うほどの系図をつくるのに、一苦労したとみえる。山縣公爵家系図（公爵山縣有朋伝）をみれば、ちかく徳川時代の八代——代々二人扶持五石取りの長州藩足軽——の記載はたった一頁半で足りているのにたいして、遠く清和天皇から山縣美濃介三郎におよぶ八代のために、第一頁以降の八頁が費やされている、といったぐあいである。清和源氏の系譜はばかにくわしいくせに、有朋の曾祖父になるともう名前が不詳で某と書かれており、その父も某であり、一代おいてもう一人某がいるといった風である。伊藤公爵家系譜（伊藤博文伝）はさらに神さびて、孝霊天皇から出発しているのだから、系図に苦労したおたがいが、アッといったにちがいない。それにくらべると、井上馨の系図（世外井上公伝）は、これは足軽ではなくサムライの家筋としてかねて整備してあったとおりに、戦国時代の祖先からキチンと書きつらねて、苦心のあとはない。そのかわり、身ぢかな夫人のところに、一代の苦心があった。

そして、大隈が太政官政府と共に京都から東京に移転したとき、築地本願寺わきの大邸宅に入って、ここが有名な「築地梁山泊」となったことを書いている。その食客にはいろいろな人物がいた。

とりわけ毛色の変った食客は、のちの滋賀県令桜州山人中井弘であった。中井は父の代から島津久光の側近だった関係で、薩閥にも容れられず、奔放の不遇時代を築地梁山泊に寄せていた。「築地梁山泊」という名も、彼の命名だったといわれている。飄々乎としていたるところに女がいたが、風の吹きまわしで、新田義貞の直系といわれる旗本の名門新田満次郎の娘を妻に貰って、まもなくのこと、かねてよからぬ仲の西郷党から薩摩に還れといってきた。帰ったら最後、生きて戻れぬ、切腹くらいさせられるにちがいないと覚悟をきめた中井は、愛妻に離縁状を渡したうえで、「どうか良いところがあったら縁付けてくだされ」、と大隈夫人に離縁した妻をあずけて去った。たぶん実家新田氏はおちぶれて、娘をひきとるゆとりもなかったのである。

そう説明した上で、服部は『大隈侯昔日譚』から引用している。

するとその頃井上が何でも変な女と同棲していたが、それがドウも豪傑連中にヒドク不人望で、トウトウ皆で追出すかドウかしてしまった。そのうち井上という男はなかなか素早い男で、いつのまにか、我輩の預り物と相思の仲といふ始末だ。……妻からお嬢さん（新田氏）にも聞かせると「井上さんは大好き……」といふ、実にお目出度い始末である。そんならと伊藤や何かが寄って、マア粋な捌きで……我輩の所で両人正式の対面といふことになった。ところが愈々対面といふ所へ、ドウしたことかもうとっくに腹でも切って死んだ筈の中井が、ヒョックリ生きて帰ってきた。それがモウ中井が去ってから半年以上——一年近くにもなるか——にもなってからのことである。しかも偶然にも此席へ帰って来たんだから驚かざるを得ない。のちに聞くと何んでも中井は薩摩に帰ってから、やはり才幹な男とて、何とか軍人達の心を和げて死なずに済み、軍隊の部下となって、軍隊と一緒に上京したんで(とあるから、ことは明治四年二月、西郷卒兵上京のせつであろう)、まず一番に我輩の宅へ来たところが、こちらは此始末で、玄関か何かで中井にブッ突かって鉢合せをした山縣(このとき兵部少輔)の、此時の狼狽て方ったら無かった。「マア、〳〵、マア……」といふ訳で、中井を一室の中に山縣が押しこめてしまって、女を隠すやら何やらで大騒ぎ、妻なども大分色を失った。トウトウ伊藤が情を明して中井を説伏しようとしたが、中井は恬淡な男で奇人である。「ア、、さうか、どうかよろしく頼む」と云ふた限りであった。……愈々我輩の妻の妹分として、井上と正式に結婚するといふ段取りになった。……只では不可ぬといふので、終身偕老同穴の契りを結びますといふ證文を我輩の妻にとられて、これに伊藤と山縣が證人になったんである。井上は大分道楽もした男であるが、この細君はなかなかに重んじて大切にした。ツイ昨年頃まで生きておられた井上夫人がこれである、また、一方井上は新田家に対しても大分世話もした。(大隈侯昔日譚、原文のまま)

これを受けて、服部は次のように書く。

井上家の系図は、公爵井上馨夫人の欄に武子、男爵新田俊純女、大正九年三月二十一日卒七十一歳と記載されている。「世外井上公伝」本文中では、夫人についてただ二行、「公は明治初年に新田義貞の裔である上野の新田俊純の女を娶った。即ち武子夫人がこれである」、と記されている。新田俊純は明治二十七年の華族名鑑でみると群馬県新田郡下田島村、旧高百二十石とある。義貞の系図をいいたてて新田家が男爵に列したのは、井上の「世話」によることというまでもあるまい。それにしても、おそろしく夫権的な伝記ではある。

やはり、ただの「明治政治史」の書ではない。「人物」を描いた評伝というべきであろう。『大隈侯昔日譚』には「明治四年二月」のこととあり、服部の文章には「明治初年」とあるが、このような、後の「元勲」たちの若き日の「大騒ぎ」は、やはり旧約期の明治らしいことである。

第二節　逆縁という宿命的な親近性

「ゲテモノ」趣味

このような服部の個性的な「着眼」は、山田風太郎を連想させるのである。服部之総と山田風太郎は、何か似たところがあるような気がする。この井上夫人のことを山田風太郎は『エドの舞踏会』の中に書いているのである。『エドの舞踏会』は、「序曲・鹿鳴館への誘い」「井上馨夫人」「伊藤博文夫人」「山県有朋夫人」「黒田清隆夫人」「森有礼夫人」「大隈重信夫人」「陸奥宗光夫人」「ル・ジャンドル夫人」「終曲・鹿鳴館の花」から成り立っている。明治十八年の新橋停車場にフランスの作家ピエール・ロティが到着する場面から、この連作小説は始まっている。まさに明治憲法以前の旧約期の明治が舞台である。これら明治の元勲などの人物を夫人との関係を通してみた、いわば明治の裏面史ともいうべきものだが、最初にとりあげられているのは、井上馨夫人であり、服部之総が問題にした武子である。

こういう「人物」の秘密から歴史の本質をえぐり出そうという意欲において、服部之総という歴史家と山田風太郎という歴史小説家は、よく似ているのである。それは、「ゲテモノ」に対する興味においても共通している。山田風太郎の小説に「ゲテモノ」趣味があるのはいうまでもないが、服部之総の着眼にもそのような面がある。例えば、『原敬百歳』に収められた「旧刊案内」の冒頭の文章に「結核療病中なので、ゲテモノ『旧刊案内』を送って、同病の諸君を慰問しましょう。」と書かれていて、「ゲテモノ」という言葉が出てくる。

そして、この「ゲテモノ」の「旧刊」として、とりあげられているのは、祖光浜名寛祐著の『東大古族言語史鑑』（大正十一年）という、今日の常識からいえば奇書、いわば「ゲテモノ」である。天皇と日本民族の祖先「東大古族」がかつて中国を支配した名残りを、中国古典の中に探り当てているのである。また、小谷部全一郎著『成吉思汗は源義経也』とか、木村鷹太郎の『日本太古史』をとりあげている。木村の本は、「余は日本民族の希臘羅典系にして、太古に在つて小亜細亜の天《あめ》即ちアーメニア即ち耶蘇教の謂へる所のエデンの地に起り希臘埃及等に国し、世界を打つて一丸と為して之れを我版図と為し、北は北欧スカンジナビアより東は印度暹羅に至るまでの植民地及び皇化範囲を有し、我皇室は世界の中心たり、我民族は現存人種中の文明的最旧民族」たることを「発見し発表する者なり。」と主張する「ゲテモノ」である。さらには、昭和十二年に出たクリスチャン作家・沖野岩三郎の『日本神社考』をとりあげ、「これは大秦ユダヤ民族論の最も手の込んだ作品である。」といっている。「昭和十三年には山根菊子『光りは東方より――キリスト日本来住の史実』というおそるべき本が出ている。」この本は、服部が終戦後、鎌倉の古本屋で手にいれたものだが、「キリストは青森県に、モーゼは石川県に、ヨセフは神奈川県に、釈迦は長野県に、各々その肉体を埋め、この驚くべき事実の世上への発表をまっている」と巻末に書いてあるという。さらに、服部は止めをさすように「巻頭には、陸軍大将荒木貞夫閣下、海軍大将山本英輔閣下および頭山満先生の題字がかかげられているという珍品である。」と付け加えている。

しかし、服部はこれらの「ゲテモノ」「珍品」をただ面白がっているのではない。「ゲテモノ」の世界が、歴史に深く食い込んでいることを感じとっているのである。『東大古族言語史鑑』という奇書を服部にくれたのは、「私より一年あとの東大新人会出身で商業学校の校長を経て実業家になった宝積一」であり、小谷部全一郎の著作には、杉浦重剛が、「社友小谷部全一郎君」のために漢文の序を書いている。また、景教研究で知られる佐伯好郎博士に、服部が景教研究を始めた動機をたずねたとき、大秦氏＝ユダヤ人の着想がもとになったといわれて、服部が大変驚いたという話も書いてある。祖光浜名寛祐や小谷部全一郎ばかりではなく、沖野岩三郎も荒木貞夫大将も、山本英輔大将も頭山満も出てくるのである。服部の「驚き」の奥にあるのは、歴史がいってみれば正史と「ゲテモノ」の混淆の中にあるということである。真実は虚実皮膜の間にあると文学の方ではいわれるが、服部は歴史の真実は、正史と「ゲテモノ」の間にあると考えていたであろう。山田風太郎の明治小説が、虚実皮膜の間を自由自在に駆け巡って出来たものであることは言うまでもない。『明治の政治家たち』が書かれたのは、戦後直ぐであり、前田蓮山の星亭の伝記も出たばかりである。『原敬日記』の刊行も始まり、服部はやっとそれを参照することができた。そのような資料的な不十分さの中で書かれているが、この著作の本領は、そもそも資料的な詳しさにあるものではないのである。

通念から解き放つ

『明治の政治家たち』の中から、このような服部の眼光が発揮された文章を拾ってみることにしょう。

最初の「原敬」の書き出しは、次のようである。

役人生活十五年（1882-1897）党人生活二十一年（1900-1921）——これが原敬の、二十七歳以後の略歴であった。

党人生活二十一年のあいだに原敬は、正味九年五ヵ月約十年の大臣の経歴をもっており、大臣は役人中の役人であってみれば、この「平民宰相」の二十七歳以後あしかけ四十年間の生活のうち二十五年間は、大日本帝国の官吏であったことになる。

かれにおくられている、「平民宰相」という幻想めいた代名詞の、かくされた実体が、この数字のなかにみつかりそうである。

服部は、歴史を通念から解き放つのをいつも狙っている。原敬といえば、「平民宰相」という風にとらえてしまう思考の惰性を服部は、辛辣なほどの表現でひっくりかえすのである。「平民宰相」が、「幻想」だというのに服部は留まらない。原敬を大久保利通と並ぶほどの「絶対主義政治家」と評するのである。「原敬ほどの天来の資質——しかり絶対主義政治家としての資質」といい、「大久保も原敬も——この種の天性の絶対主義者は、徹底的な現実主義者たることをもって特徴とする。」と書いている。

そして、その原敬の章の結びは、次のような文章である。

原敬は、かれのいかなる政敵よりも偉大であり、かれの最高の弁護者よりも偉大であった。それはかれが明治大正歴代の宰相中、西園寺についで身分のたかい家老の出身だったためにしかるのではない。じつにかれこそ日本が生んだ唯一の純血郷士の宰相であったのだ。史上この点で、かれに比すべき同類は、純血プロシャユンケル地主の「鉄血宰相」ビスマルク一人であろう。

ついに「平民宰相」原敬は、「鉄血宰相」ビスマルクと並べられるに至るのである。これこそ、服部之総の批評の真骨頂である。

次の陸奥宗光の章では、勝海舟の『氷川清話』の中の、海援隊時代、陸奥が「嘘つき小次郎」といわれていたという話を引用している。そして、「たれにむかってもほんとうのことはけっして吐かぬおとこであり、その点絶対主義官僚としての第一要件を体得していたおとこである。」と書く。陸奥は、西南の役に際しての「内乱罪」をもって逮捕され、除族の上、禁獄五年の刑に服したが、『報知新聞』の青年記者であった若き原敬は、「獄中の大官」陸奥を訪問している。そのときのことを服部は、次のようなほとんど山田風太郎を思わせるような筆致で、想像を逞しくして、この章を結んでいる。「在獄第四年の獄中の旅室、白面の記者原敬を引見したとすれば、こんな風に対話したかも知れないのである。」として、

「ほほう、きみは南部の家老の倅か。わがはいも家老の倅だ。八百石とっていたよ。うそ八百でなく……八百石。」

その後の、「星亭」（これを読んでいるとき、山田風太郎が星亭について書いた明治小説『明治暗黒星』をときどき思い出した）、「伊藤博文」、「板垣退助」、「板垣退助　続」もそれぞれ面白いが、下巻に入って、「大隈重信」、この章の冒頭の井上馨とその夫人の経緯については、前述した。「大隈重信　続」、「山縣有朋」、「山縣有朋　続」、「桂太郎」の章もそれぞれ辛辣な批評に満ちているが、「西園寺公望」の章には、服部ならではの記述がある。

西園寺の老眼鏡をつくっていた駿河台下の眼鏡屋から、私が聞いたのであるが、度がかわるたび一ダースずつ、同じ品をつくって収めたそうである。どう使うかというに居間におき、寝室におき、食堂、茶の間、客室、便所、……つまりいたるところにおいたのである。

これを服部は「近衛もそうであったように、西園寺はものぐさなのである。」ということをいうために書いている。まるまる七年間の桂西園寺「たらいまわし」時代の誕生を指摘したあと、これもまた服部之総らしく、次のような文章で、西園寺の章を結んでいる。もうすこし、柔らかくすれば、山田風太郎の小説（例えば、『エドの舞踏会』）の中に入れても分からないかもしれない。

政治家が妾を養って何人も怪しまないという風習は、伊藤・山縣から吉田茂の世代までつづいているのだが、とりわけ桂のお鯉は一世に知られていた。

西園寺家には奇妙な家憲があって正妻を置かない、そのかわり西園寺公望は無双の通人の名をとった。お鯉の引いたあと同じ「照近江」から出ていた二代目お鯉が、西園寺の世話をうけるようになったのは、一つの偶然であろうが、「続お鯉物語」に（ついでながら「お鯉物語」は大正の末大阪朝日新聞に連載され、「続お鯉物語」は昭和二年に出版されている）、西園寺内閣成立ののち、麻布の逆さ銀杏善福寺上のお鯉の妾宅に、西園寺が二代目お鯉をつれてあいさつにゆき両夫妾一夜の歓を交すくだりがある。こうなったうえは、まる七年間の「たらいまわし」も一層の艶がつくというものである。

初代お鯉にとってそのときが初対面の西園寺の印象は、つぎのように書かれている――

「大嶋の紋絣、それも針で突いたようなこまかい飛白の二枚着に羽織が黒八丈の無地、袴も八丈の無地である、帯はカピタン、金唐皮の煙草入、諸〆が珊瑚の五分玉、古代更紗の紙入……、それで玄関から帽子を脱られて、とにかく、元老大臣方の中ではもとよりのこと、当世の通人粋士と云われるどの人々に比べても一段と群をぬいて、光っていられるのは、さすがにちがったものであるとおそれいった。」

下巻は、あと「原敬」、「原敬　続」、「原敬　第三」で締められる。以上、引用した服部の文章からして、この偶像破壊的な面ももった「人物」の描き方をみて、服部が「明治の政治家たち」を「小児病的」に批判しているととらえたら、大いなる誤読である。上巻の「まえがき」に「たれにもすききらいはあるものだが、明治大正の政治史をひもといて、傾倒することのできる人物――わたしのばあいは、歴史家であるから、すききらいも傾倒も、直接的・感性的なものではなく、全力をあげて書いてみたいという衝動のうえでのことであるが――といえば、大久保利通・星亨・原敬の三人くらいのものである。三人とも暗殺されているが、大久保が明治絶対主義を代表したとすれば、星はよいいみでも悪いいみでも明治自由党の代表者であった。政友会総裁原敬の生涯には、その大久保と星の宿命が統一されているのである。」と書いた服部である。マルクス主義者の小児病的考え方からは、「全力をあげて書いてみたい」のは大久保、星、原の三人だというような発言は絶対に出てこないであろう。

「あっぱれ」な時代

大久保利通については、「絶対主義政治家の日本代表としてどこに出しても恥しくないとおもわれる大久保利通」と評している。『原敬百歳』に収められた同名のエッセイに、原の腰越の別荘に嗣子奎一郎を訪問したときに見た碁盤のことを書いている。これが、結びである。服部のいわゆる「微視の史学」が発揮されている。

原敬の碁は、わたしの碁敵大内兵衛先生と同じくらいだったろうと、わたしは計算している。

そこいらの碁会所にあるのと同じひどいもので、碁笥もそうだし、石もそうだ。ずいぶん手あらく使ったと見えて、石数は目分量で百五十くらいしかあるまい、手にとってみると欠け石もまじって、一国の総理大臣とはおよそ縁遠い。

「これをつかったのですか?」

「そうです」

「ほかにりっぱなのがありませんでしたか?」

「なかったと思います。芝公園の家の碁盤も、こんなものではなかったかしら。ともかくこの碁盤は、父がここで打っていたものです」

政治に没頭する、――ある言い方をすると生命をかけている彼の日常に、手を触れた気がして、わたしは心に、敵ながらあっぱれと思った。

「敵ながらあっぱれ」という讃嘆に服部之総の精神の深さが、あらわれている。明治絶対主義を悪として、明治自由党を善とするような「小児病」は、服部には縁がない。

もちろん明治自由党に対する思い入れも「心に」あるが、服部之総と明治絶対主義との関係は、いってみれば逆縁といえようか。この逆縁という言葉は、橋川文三の「大逆事件の場合」（昭和四十五年）の中で使われていて、歴史の奥義に届いた印象深い表現である。橋川は、次のように書いている。

「私はこれまでの大逆事件を取り扱った諸論説が、あまりにも事件のデッチあげと無辜の罪を強調することに止まっているのに、あきたらず思っていたのです。それは当時の私たちがそういう厳罰をうける覚悟で言動していたことを思うからです。ロシアにおけるアレキサンダーの暗殺から受けた感動、日本でいえば赤旗事件以前の同志に対する抑圧、それに反撃する手段として三五〇名の決死の同志の暴発ということが当時の無政府共産主義者の志であったのです。」

これは、かつて『日本の百年』第七巻（旧版、筑摩書房）に掲載したことがあるが、事件直後、不敬罪で投獄されたことのある橋浦時雄氏から私にあてられた私信の中の言葉である。かんたんにいえば、ここで橋浦氏は、大逆事件をたんなる権力のでっちあげとし、従って処刑された人々を全く純情無垢の被害者にしたてようとするある種の傾向に反撥している。事件をそのように解析し、すべてを無実であったとするならば、自分たちのあの頃の絶望・憤怒・憎悪のすべてもまた、空無なものとなってしまうではないかという直覚が橋浦氏にそのようにいわしめるものであろう。

そして、「全くなんらの罪のないものたちを末期的明治国家が一方的に殺戮したというのではなく、殺されたものたちと亡び行く国家との間には、逆縁とはいいながら宿命的な親近性があったのではないか」といっている。そのような意味で、服部之総と明治の政治家たち（明治絶対主義の政治家たち）との間は、「逆縁」であったといえるであろう。服部には、日本の近代史を見るに際して、戦後の長きに亘って支配した、この「ある種の傾向」は全くない。服部は明治絶対主義に対して「敵ながらあっぱれ」といったであろう。明治はカバーの文章にあったように「偉大であると同時に過誤多かりし」時代だからである。「絶対主義政治家の日本代表としてどこに出しても恥しくないとおもわれる大久保利通」が「政治に没頭」していた明治初年の時期、旧約期の明治こそ、まさに「あっぱれ」な時代であった。

第三章

池辺三山の『明治維新　三大政治家』

第一節　服部之総の「実にしゃれたセンス」

「政治家の顔」

服部之総の『明治の政治家たち』（岩波新書）は、その着眼のよさや辛辣な表現などによって、十分面白く読める本だが、実は私がこの新書で一番深く感銘を受けたのは、巻頭の政治家たちの写真であった。これが、最も印象に残っていたし、今回改めて見直しても、これらの写真はすばらしい。写真の選択は、恐らく編集部任せではなく、服部自身が十分意識してやっているのが感じられて、この服部のセンスは人を唸らせるものがある。

前章でも引用した『黒船前後・志士と経済』（岩波文庫）の解説で、奈良本辰也が「『黒船前後』・『Moods cashey』・『微視の史学』という表題をみて分るように彼には、実にしゃれたセンスがあった。」（傍点原文）と書いているが、確かにこの写真の選択の「センス」は抜群である。そこにこそ、服部の批評精神が遺憾なく発揮されているといってもいい。

上巻には、表に陸奥宗光、星亨、伊藤博文の写真。裏には、大隈重信、岩倉具視、大久保利通。下巻は、表に原敬の写真だけが載っている。これら明治の政治家たちの写真というものは、よく本で見たりするのだが、この新書に載せられた写真のうち、陸奥、大隈、大久保のものは見たこともない、少なくとも私には珍しいものであった。

小林秀雄は「作家の顔」といったが、服部之総は「政治家の顔」といったかもしれない。作家の文学精神の本質が「顔」に出ているように、政治家の強烈な個性もその「顔」に出ているに違いない。あるいは、その政治家としての本質は、そこに読み取れるに違いないと服部は考えているように思われる。小林とか服部とかの強烈な批評精神のタイプは、人間の「顔」を重視するのである。小林も服部も、苦労人の面が強いからであろうか。

陸奥宗光の写真が、傑作である。陸奥の写真は、横顔のものをよく見るが、この写真は幕末の頃の写真である。服部は、よく考えて選んだに違いない。本文の「陸奥宗光」の中に次のように書いている。

明治となるまでのかれのすがたは、かれの伝記にかならず掲載されているキザというまで伊達な浪士姿に、見てとることもできる。丹下左膳のように黒頭巾をかぶり、黒ちりめんの紋付をぞろりと着流した裾さきから白足袋が、おしゃくの高ぼっくりをつっかけて、長い大小は型のごとく落し差し、左手はたもとのなかにつきひじをして手水縁の欄干に託し、右手はだらりとぶらさげている。痩身のため背丈のひくさはかくされているが、南天のつくばいをバックに遠方をへいげいしつつ、ポーズをつくっているのである。二十三、四のころである。

星亭については、次のように書いている。

まるだしでひたむきなかれのやりかたには、なにかわらえないものがある。写真で見るそのグロテスクな風貌から、「矛盾」や「危機」は読みとれない。かれの「傲慢不遜」はそれらのものの不在に発するものだったにちがいない。殿様の傲慢でなく、地主の不遜でなく――殺されるまでは、自殺する憂いのぜったいにない、素質であった。

伊藤博文については、大礼服を着てポーズを取った写真が載せられているが、「伊藤博文」の章の書き出しは、次のようなものになっている。

シガーのふかしかたまでビスマルクのスタイルをまねたと噂された伊藤博文のことをこれまでたれ一人日本のビスマルクに擬した評者がいないというのは、正直なものである。

原の写真については、下巻の「あとがき」で「巻頭の原敬の写真を御貸与くださったことにたいし原奎一郎氏にお礼申あげる。あの写真は明治四十二年一月十四日、ウィーンでとったものである。もとの写真は全身像であるが、本書では半身像にしてみた。」と書いていて、写真のトリミングに至るまで意識的である。この写真は、本文中（上巻の冒頭の「原敬」の章）の次のような記述に活きてくるのである。

かれは東北「一山」の「無念さ」でなく自尊心を、主家南部藩の破滅した精神でなく先祖がえりしたユンケル地主原家累世の魂性を、あの落ちついた瞳の底にふかくたたえていたのである。

確かに、この写真の「瞳」の「落ちついた」風情は、恐ろしいくらいである。

大久保利通の肖像画

しかし、これらの写真の中で、私が最も衝撃を受けたのは、大久保利通の顔であった。これは、恐るべき写真である。大久保の写真というものを幾つか見たことがあるが、この大久保の写真は、初めてであった。この大久保の顔は、すばらしい。「まえがき」に服部之総は「たれにもすききらいはあるものだが、明治大正の政治史をひもといて、傾倒することのできる人物——わたしの

大久保利通
（服部之総『明治の政治家たち 上』〔岩波新書、1950年〕口絵より）

ばあいは、歴史家であるから、すききらいも傾倒も、直接的・感性的なものではなく、全力をあげて書いてみたいという衝動のうえでのことであるが——といえば、大久保利通・星亨・原敬の三人くらいのものである。三人とも暗殺されているが、大久保が明治絶対主義を代表したとすれば、星はよいいみでも悪いいみでも明治自由党の代表者であった。政友会総裁原敬の生涯には、その大久保と星の宿命が統一されているのである。」と書いたが、「明治絶対主義」の奥深さを感じさせる顔である。「原敬」の章では、「絶対主義政治家の日本代表としてどこに出しても恥しくないとおもわれる大久保利通」と評しているが、このシルクハットを被り、何ともいえない笑いを浮かべている男の顔は、確かに「どこに出しても恥しくない」深みと迫力を持っている。何か日本人のようではない。何か外人の顔のように感じられる。外人といってもアジア人の顔ではない。ヨーロッパ人の雰囲気を漂わしている。

この大久保の顔は、実は写真ではないのである。このことを知ったのは、実はこの肖像に心打たれてから、ずいぶん経ってからである。或るとき、何か岩倉使節団に関する本を読んでいると、当時のサンフランシスコの雑誌の紙面が載っていた。そして、その紙面に大久保がシルクハットを被り、トランクを提げ、蝙蝠傘を握りしめた姿でアメリカ、ヨーロッパを股にかけて飛び回っているのを風刺した漫画が描かれていたのである。服部之総が選んだ大久保の顔は、実はイラストだったのである。よく出来たイラストで、一見写真のようであったのである。確かによく見ると、写真ではないという感じがする。服部に、まんまとやられたような気がする。この大久保のイラストは、ほとんど知られていないようで、維新史の専門家の或る人に、この大久保の顔のことを訊ねたが、知らなかった。そのくらい、知られていないものなのであろう。そういうものを、わざわざ選んで載せるというところに、服部之総の端倪すべからざる批評眼がある。同じ紙面には、岩倉の烏帽子を被ったイラストも載っているのだが、服部は、岩倉の顔としては、これを採用せず、写真を載せている。確かに、岩倉の方のイラストは、大久保のイラストのように、クリティカルではない。岩倉のものは選ばず、大久保のものは採用して巻頭に載せたところに、服部の才の切れが感じられる。

明治絶対主義の奥深さ

この大久保の顔を凝視していると、「明治絶対主義」というものの奥深さというものが浮かび上がってくるような迫力を感じる。私見では、これは、肖像画の一傑作である。この外国人の画家の眼光は、明治維新という「御一新」を実現させた男の本質というものを、大久保を「薩摩藩の武士」として見ることから抜け出せなかった当時の日本人よりも、かえって鋭く見抜いたように思われる。

この顔がヨーロッパ人を思わせることに関連しては、司馬遼太郎の『坂の上の雲』の中で、秋山好古の顔について、次のように書かれていたのを思い出す（「真之」の章）。


この点でも、この人物は日本人ばなれした骨相だったといえるであろう。余談だが、かれが日露戦争後、ロシアのコサック騎兵の大集団をやぶったことで世界の兵学界の研究対象になり、多くの外国武官が日本にやってきた。その武官のなかには、

「日本の騎兵がコサックをやぶれるはずがない。おそらく西洋人の顧問がいるのだろう」

とうたがう者があり、かれらが千葉の陸軍騎兵学校にゆくと、はたしてそれを見た。そこにいた秋山好古である。

「やはり、西洋人がいた」

と、かれらはしきりにうなずきあい、好古が日本人であることを容易に信じなかったという。


また、もう一か所、好古の「日本人ばなれした」顔について、次のように書かれている（「海軍

兵学校」の章)。

メッケルは、講壇に立った。かれは秋山好古を見たとき、ちょっと驚いた様子をみせ、

「君は、ヨーロッパ人か」

と、ドイツ語できいた。好古はドイツ語がわからず、メッケルを見つめたままだまっていた。通訳が、あわてていった。

「この学生も他の学生と同様、きっすいの日本人です」


明治の傑物、特に明治初年の精神といったものを色濃く体現しているような人物は、いわゆる「日本的なるもの」を超えたなにものかを持っていたように思われる。明治の精神は、「日本的なあまりに日本的な」ものを突き破る動力によって驀進したのである。

ここで、中村正直の「擬泰西人上書」(明治五年八月)の一節を思い出す。そこで、中村は「外臣毎ニ相語ル大日本頗ル欧羅巴ノ気象有リ東洋ノ諸国民能ク及ブ莫シ」と書いた。日本人はアジアのどの民族よりもヨーロッパ人に近い精神を持っているという中村の直観は、「アジアの中の日本」という発想が根強くはびこってしまった今日の日本において、極めてクリティカルな問題を提起しているように思われる。少なくとも「東アジア共同体」なる幻想を打ち砕くのには役立

つであろう。

第二節　池辺三山と西郷隆盛

「明治人物論集」

池辺三山の『明治維新三大政治家』（以下、『三大政治家』と表記）は、大久保利通、岩倉具視、伊藤博文の三人を取り扱っている。この本は、人物論の名著として名高いが、私はかつて中公文庫に入っているもので読んで、大変面白かった。今回、読み直してみると、以前思ったのと同じで、特に大久保論がすぐれていると思われる。そして、この大久保論を通して、明治初年の精神というものが浮かび上がってくるのである。

私のように、昔から文学の方を中心に読んできた者にとっては、池辺三山という名は夏目漱石とつながっている。漱石が東大を辞めて、朝日新聞に入社にするにあたって、力を尽くしたのが池辺であり、そのときに発揮された池辺の人徳についてはすでに知っていた。が、新聞記者・池辺三山については、ほとんど知らなかった。池辺の新聞人としての仕事は、今日、『明治文学全集』（筑摩書房）の第九一巻「明治新聞人文学集」の中で読むことが出来る。この巻に収められているのは、矢野龍渓、犬養木堂、沼間守一、肥塚龍、島田三郎、石河幹明、高田半峯、朝比奈知泉、渡邊巳之次郎、西村天囚、池辺三山、鳥居素川、杉村楚人冠、須崎黙堂という明治のジャーナリストたちなのだが、この人たちの当時の政治経済社会外交の状況に対する言説のうち今日でも読むに値するものがどれだけあるかというと、歴史的資料以上のものは少ないであろう。それは、池辺三山についてもいえることに違いない。ただ、鳥居素川のところに、「池辺三山師兄を哭す」という文章があり、もって池辺三山の人柄の大きさを察するに足る。

同じ『明治文学全集』の九二巻の「明治人物論集」にも、池辺三山が入っている。『三大政治家』である。この巻には、他に鳥谷部春汀、鵜崎鷺城、横山健堂、石川半山、山本亀城が収録されているが、この池辺の『三大政治家』は中でも傑出しているように思われる。この九二巻には、「池辺吉太郎先生」という滝田樗陰の追悼文が載っているが、この池辺の本は、『中央公論』の名編集者として名高い滝田樗陰の筆記によるもので『中央公論』に掲載されたものである。この九二巻は、木村毅の編で、木村の解題が載っている。そこには、「日露戦争の前後まで、日本の代表的新聞は『時事新報』であったが、それをぬいて『朝日新聞』が今日の地位を占めたのは、三山の社説の力が大きかったからだと云われる。二葉亭を小説家に復帰させて「其の面影」と「平凡」の二名作をかかせ、夏目漱石の地位を擁護し、長塚節の「土」の価値をみとめ、石川啄木に同情をもったなど、文壇は彼に感謝しなくてはならぬ多くのものをもつ。」と書かれている。

夏目漱石の池辺三山論

『三大政治家』には、冒頭に夏目漱石の「池辺君の史論に就て」という一文が載っている。これは、『三大政治家』の批評としてすぐれたもので、池辺三山と夏目漱石の深い友情が表現されたすばらしい文章でもある。漱石は、「去年の秋池辺君の大久保論が中央公論に出たとき、余はそれを秋期付録中の最も興味ある一篇として、楽しく通読した。」と書き出している。大久保論が載ったのが、明治四十四年九月号で、岩倉論が明治四十五年一—三月号、伊藤論が明治四十三年四月号である。つまり、伊藤論が一番早い。しかし、漱石は、伊藤論の後に出た大久保論を問題にしている。この方がすぐれていると考えたのであろう。私も、前述したように、大久保論がこの本の白眉だと思う。漱石は、池辺の史論（これを、漱石は「史伝だか評論だか分らない、一種の事実譚兼批評といったようなもの」と面白い言い方をしている）について、次のように書いている。

彼の史論（とくに大久保論）を読んで、何より先に気のつくのは、叙述が維新の当時から征韓論の騒ぎに至るまでの、日本の歴史中極めて際どい時期に起った複雑な政治関係であるから、明治の世に生れたものなら、誰の注意でも牽き得なければならない大切な断面に相違ないという考えに依傍して起る、現在過去の問題である。吾々の運命を直接に支配している王政復古以後明治初年頃の政界は、吾々の脈搏と一気に連絡した縁の深いものではあるが、誰がどう研究しても過去の事柄であるには極っている。いかに観察しても回顧しなければ見ることも聞くことも出来ないのである。ところが池辺君の話を読むと、その過去が逆さに流れて現在に彷徨して来る。長州、薩州、勤王、佐幕、あらゆる複雑な光景が記憶の舞台を賑やかにする代りに、美事なパノラマとなって、現に眼の前に活きたまま展開する。従って話をする池辺君は決して過去を振り向いていない。正に維新前後の騒動の狂瀾の中にあって、自由自在に立ち働らいている。反故や書き付の中から死んだ歴史の亡骸を掘り出す学者的態度を取らないで、正に元勲の一人として、はらはらしながら、前後左右の事情を偵察したり、批評したりしている。遠くから眼鏡越しに過去を眺めないで、立派な志士として、自分自身死生の衢《ちまた》に出入している観がある。池辺君は恐らくそういう風に生れた男なのだろう。そう思うと、池辺君と西郷隆盛を連想したことが他人にはどうでも、余にはいよいよ面白くなってくる。

「池辺君と西郷隆盛を連想した」というのは、今引用した文章の少し前のところで、漱石が池辺三山の人柄と池辺との友情について書いていることと関係している。漱石が朝日新聞に入社するにあたっての交渉で、池辺三山に初めて会ったときのことである。

余が朝日新聞に入社の際、仲に立つものが漸次往復の労を重ねた末、ほぼ相談が纏まりかけた機を見て、池辺君は先を越して向うから余の家を訪問した。その時余は本郷の西片町に住んでいた。余はその二階に彼を案内した。もとより借家のことであるから致し方もないが、余の家はすこぶる蚊細く不安心に出来上っていた。余のごとき卑力のものが畳を踏んでも、二階はずしんずしんと音がした。池辺君の名はその前から承知して知っていたが、顔を見るのはその時が始めてなので、どんな風采のどんな恰好の人かまるで心得なかったが、出て面接して見ると大変に偉大な男であった。顔も大きい、手も大きい、肩も大きい。すべて大きいずくめであった。余は彼の体格と、彼の坐っている客間のきゃしゃ一方の骨組とを比較して、少し誇張の嫌いはあるが、大仏を待合に招じたと同様に不釣合いな感を起した。まずこれからしてが少し意表であった。それから話をした。話をしているうちに、どういうわけだか、余は自分の前にいる彼と西郷隆盛とを連想し始めた。そうしてその連想は彼が帰った後までも残っていた。もちろん西郷隆盛について余は何の知る所もなかった。だから西郷から推して池辺を髣髴するわけはないので、むしろ池辺から推して西郷を想像したのである。西郷という人も大方こんな男だったのだろうと思ったのである。この感じは決していたずら半分のものではなかった。その証拠には、彼が帰った後で、余はすぐ中間に立って余を「朝日」へ周旋する者に手紙を出した、その文句はもとより今覚えているはずがないが、意味をいうと、これまで話が着々進行してほぼ纏まる段になったにはなったが、何だか不安心な所がどこかに残っていた。然るに今日始めて池辺に会ったらその不安心が全く消えた。西郷隆盛に会ったような心持がする。――ざっとこんなものであった。池辺君が余のことを始終念頭に置いて、余の地位のために進退を賭する覚悟でいたという話はついこの間池辺君と関係の深いある人の口を通して余に伝えられたから、初対面の時彼の人格について余の胸に映じたこの画像は全くの幻影ではなかったのである。

三山池辺吉太郎の父は、熊本藩士、池辺吉十郎である。漱石も「池辺君は、西南戦争の時に有名であった池辺吉十郎の子である。」と書いている。司馬遼太郎も、中公文庫の解説で、このことに触れている。

亡父吉十郎も、「肥後の西郷」といわれていた人物で、明治十年に熊本隊をひきいて西郷軍とともに戦い、戦後、刑死した。容貌は三山と同様魁梧で、身のたけも三山と同様、六尺ほどあった。

元治元（一八六四）年生れの三山は、西南戦争のとき十三歳、父に従うことを願ったが、許されなかった。漱石は「その時代にはただ十三四の少年であったから助かったのだろうが、もう少し年を取っていたらきっと軍に出て討死をしたに違いない。池辺君は討死をしに生れて来たような男らしかった。」と書いているが、知己の言というべきであろう。

木村毅の池辺三山論

この『三大政治家』に収められている、大久保論、岩倉論、伊藤論は、前述したように伊藤論がまず最初に出て、大久保論が続き、岩倉論の順である。その後、西郷論を語って一冊の本にするはずであったが、池辺の早すぎる死（四十九歳）によってそれは実現しなかった。しかし、大久保論の中で触れられている西郷論だけでも鋭い人物論になっている。それは、木村毅が、解題の中に引用している昔自分が書いた文章でも分かる。『三大政治家』が昭和十八年に新潮文庫に入ったときに、木村が解説を担当したが、その中で次のように書いている。

本書に収められている三篇の談話が「中央公論」に掲載されたのは、私が早稲田大学の文科予科生の時であった。他の二篇はよんだかどうか記憶もないが、『岩倉具視論』はすこぶる感銘が深く、後になってもよく覚えていた。それから三十年近くたって、私は本書を古本屋でみつけてよみ直してみて、感銘を新たにし、全く巻を放つにしのびなかった。

> 三十年前の私は一少年で、学校で習った以外、維新史については全く無知であったが、それでこれが面白く、今日の私は、勿論、維新史の専門家という自信はないが、ずぶの素人よりは多少の研鑽を積んでいる。それでいよいよ本書に敬服したのである。
>
> 私は、数年前、西郷南洲を伝記小説にかいた時、最も有益な参考となったものは三宅雪嶺博士の諸文と、池辺三山先生のこの遺著と、他にもう一冊しか無かった。
>
> 一体、日本人で伝記の多いのは、大西郷と乃木将軍だが、その汗牛充棟も啻《ただ》ならぬ書冊のうちで、私の本当に頭をさげたのはその三人しかいない。而も三山先生はここで独立して西郷を論じていられるのではなく、大久保の対照として引合いに出しておられるのに留まるのだ。
>
> それだのに、それだけの暗示を受けたのだから、以て如何に私が三山先生の、この著に傾倒していることが深いか分るであろう。（傍点原文）

池辺三山の西郷観の深いところであり、木村が感銘を受けたと思われる箇所は、恐らく司馬も解説の中で「この著作で気に入っているいくつかの一つ」と挙げている文章であろう。征韓論のことに触れているところで、池辺は次のように語っている。

ところが、西郷が自分で使節に行こうというのは、朝鮮人は多分自分を殺すだろう。その日本使節を殺したというので問罪の征伐を始める段取りにしたいのだ。それで自分で殺されに行く役を引き受けるというのだ。そして種々な情実、並びに種々な理由で、西郷自身行くというのを止める人々を、自ら運動して、合掌せぬばかりにして、そう言ってくれるなと頼んで廻っている。事実上の一国の宰相が、こんなことを発意し、かつ実行に着手したという前例は、或いは希臘羅馬あたりの古英雄伝中にはあるかもしれぬが、あまり多くはなかろう。今の欧米の政治家には無論ない。洋行前の大久保であっても、これを聞いて、また西郷が例の癖を出した、といって困ったでしょう。況んやこの時は新式ハイカラ式の大蔵卿大久保利通になっているのです。しかるに西郷は依然たる薩藩西郷吉之助だ。参議とか、陸軍大将とか、近衛都督とか、そんな肩書を背負っても、それがなんでもない。あれは死ぬるまで西郷吉之助で死んだ人だ。その一吉之助たる薩摩武士の武士道の上からいえば、国のために仕事をする時は、いつでも生命を投げ出してかかるが常だ。いつでも命懸けだ。その生命が役に立つ、国のために大きな役に立つ、武士の本望本願、この上のことはない。だから西郷が国のためと信じて朝鮮に殺されに行くということは、西郷吉之助の意見としては何でもない。当り前のことだ。止める者は愚か痴かだ。が、外国人などにはよほど説明を加えなければ分らぬかもしらぬ。日本武士道を知ることになった今日でも分りますかどうだか。

この辺の語り口は、特に熱気を帯びていて、「肥後の西郷」といわれた亡父の面影も脳裡に浮かんでいたのかも知れない。さらには、漱石に西郷を連想させた三山その人を語っているともいえるであろう。だから、三山の大久保論は、西郷の見た大久保論ともいえるので、ここには西郷が見抜いた大久保の偉大さが描き出されているといっていいのである。このように西郷は大久保の凄さを感じていたのであり、その人間的能力に惹かれ、連携して事にあたったのである。

第三節　大久保論の白眉

史論というもの

池辺三山の大久保論の詳細に入る前に、池辺の人物論が何故すぐれているかについての木村毅のいうところを聞いてみよう。先の引用に続けて、次のように書いている。

　一体、史論に必要なものは、古来から知、識、文と云われた。
この知とは、つまり史実のことだ。三山先生のこの書は、史実の点では、決して正確とも、詳細ともいうわけにゆかない。と云うのは、その頃はまだ維新史料が出揃っていなかったので、今日なら史籍協会本でらくに手に入る『岩倉具視関係文書』でも、『大久保利通日記』及び関係文書でも、見ておられない。伊藤博文に関する諸文献は尚更のことだ。

文は、滝田樗陰が筆記したのだから、たとえ名文だとしても、全部は先生の功に帰しがたく、その反対に悪文だとしても、罪をみんな先生にかぶせるわけには行かない。

残るところは識だが、先生の史論の天下に卓越する所以は、実にこの一点にあるのだ。この識とは識見のことであり、批評のことであり、そして又意見のことである。

新しい史実が現われてくれれば、論断がぐらぐら変るようでは、その史論は、永遠に不安定である。なぜなら、新事実は、いつ、どこから、突如として発見され、提出されないとも限らないからだ。

三山先生の史論は、史実の貧弱さは、さきにも云う通りで、文献としては、吾々の半分もよんではおられないようだ。

それでありながら、死錠をはめ、千古の断案を下した概がある。新史実の出現に戦々兢々とする必要のちっともない点は、まことに偉なりとして仰がざるを得ぬ。

史論と云えばとて、それは、史上の人物に品隲を加えただけではない。経世的見地から、遠く見、深く考え、又広く文化的背景にも思を致してある論議だ。

一口にいうなら文明史論的人物評伝だとでもすべきであろう。

維新史論は多く、維新人物論も少しとせぬ。只、この文明史論的人物評伝は、三山の前に三山なく、三山の後にも、また恐らく三山はあるまい。

今日の歴史学の根本的な欠陥は、人物論が書けなくなったことで、安手の人物論は通俗作家の仕事になってしまっている。木村は、知、識、文というが、「知」だけが肥大化している。「文」もいい文章を書ける人は極めて少ない。「識」といったものは、今日のアカデミズムの学者養成のシステムの中では、鍛えられることは難しい。池辺三山の「識」の深さと高さは、やはり明治初年の西南戦争という煉獄を経なければ獲得できないものであった。明治初年の旧約期の明治とは、いってみれば日本人にとっての一種の煉獄であったのである。

「心神精爽」なる明治初年の精神

さて、三山の「大久保利通論」であるが、初めの方に「大久保という人は徹頭徹尾政治家である、一大政治家である。」という断言が出てくる。そして、「意地張り」ということが、この池辺の大久保論のライトモチーフとなっている。この「意地張り」という点が、繰り返し指摘されているのである。それは、まず「ガッカリ」しないという大久保の特性が指摘されることから始まっている。大久保や西郷が頼みにした島津斉彬が死んでしまったことで、西郷は、その「ために非常に落胆している。」といった後で、池辺は大久保については「ところで、早速にここで大久保の特性が現われていることがある。大久保は失望していない。失望はもちろんしたろうがガッカリしていない。これがあの人の一生を通しての著しい特徴だ。いくらグリハマになっても、そのためにガッカリして頓挫するようなことがない。」と評している。「失望」とは、心理上の問題に過ぎない。「ガッカリ」とは、存在論的次元のことであり、「ガッカリしていない」大久保という人間は、歴史の運動に自らを組み込んでしまった人間なのである。その少し後のところで「もうそれ以来ずうと大久保は政治家だ。あながち明治の初年になって政治家になったわけではない。仮に文久の初年から大久保が政治家を始めたとすれば、明治十一年に死ぬまで前後十八年の間、傍目もふらずやり続けた。」と語っている。「傍目もふらず」というのも、「意地張り」のヴァリエーションである。そして、次のようなところが、池辺の大久保論の白眉であろう。

ところでもう一つ私が大いに驚くべき点と思うのは、一体政治家には自分の腹の底に、善かれ悪しかれ、経綸といおうか、或いは主義目的といおうか、そういうものが初めから出来上がっているものだ。そいつが政治行動の生命だ。ところが大久保には、自分独りで考えた主義方針というものは、どうも見当らない。尊王、討幕、開国進取、遷都、廃藩置県、西洋の文物採用、皆自己の発明ではない。しかしてその時分の交友とか藩公とかの説で、最善と思うものを深思熟慮の上でこれを執って、従って堅くそれを守るという、執着力の強い性質である。政治家でその生命の主義方針がないと言えば不都合だが、大久保のようだと不都合でないばかりではない。むしろ将に将たりで、政治家以上で、帝王流だ。少々えら過ぎるくらいだ。それで我見に囚われないで、選んで善に従うことが始終出来る。それも後入斎では仕方がないが、大久保のは堅忍不抜、一度思いきめたことは非常な執着力をもってそいつを実行する。西郷も似寄りの点があって、帝王流で押し通しているが、ちょっと西郷のかなわぬところは、その非常な執着力で、一口にいえば非常な意地張りな点だ。この点は岩倉に似寄りの点があるようだが、大久保のはなお一層で、あまり意地を張り過ぎて少し困ると思わるるくらいだ。長所が短所さ。明晳《めいせき》身を保つというようなところは、薬にしたくもない。多分議論でもしたらしようのない人であったろうと思われる。もちろん言葉は穏やかであったに違いない。幕府から見れば陪臣、天朝から見れば陪々臣。また薩摩においても、大久保の下も無論あるが上もたくさんにある。一つ間違えば抜打ちという時代だ。言語動作はよほど謹慎であったでしょう。意地が強ければ強いほど謹慎でなければ差障りが出て来る。で、どこまでも謹慎、どこまでも温良恭謙の態度でやったに違いない。が、腹の中には折れても曲がらぬ一物がギラギラしていたろう。ギラギラしていれば目に立っていよいよ始末にいけぬが、大久保は多分その上をほとんど光沢消しにしていたろう。意地の強いという特色は、昔にも多くあるかもしれないが、近世の日本には大久保に及ぶものはちょっと見当らない。類品は多少ある。今の世にもある。しかし強さ加減の程度に至っては大久保に及ぶものは到底ない。もっとも大久保と同時代には、世界に大政治家の輩出した時代であるから、外国には大久保と同程度ぐらいの意地張りの政治家があったようでもある。業の上では大久保よりも大きな業をやった奴はある。が、業の大小を論外に置いて程度だけをいえば、意地張りさ加減は大久保以上ではなかったろうと思う。どうもその点は怖いような政治家だ。

ここで、池辺＝西郷が、「怖さ」すら感じて驚嘆しているのは、大久保の「意地張りさ加減」の強烈さだが、ここまで達した「意地張り」は、何か「絶対」に触れた精神力なのである。この点は大佛次郎の傑作であり、未完の大作である『天皇の世紀』における大久保の描かれ方にもよく表わされている。一体に、日本の作家は（それは、日本人全般についてもいえることだが）西郷隆盛を描くことを好む。しかし、大久保利通を描き切れる作家は、稀である。これは、日本人の精神の「小児病」の象徴かも知れない。

『天皇の世紀』の「新しい門」の中に、越前藩の松平慶永のブレーン中根雪江が、徳川慶喜の側用人、原市之進と交わした会話のことが出て来る。原は、中根に「薩藩中、小松帯刀は能く世とともに変化する所あれども、大久保一蔵は頑然動かず。終には天下の害を惹き起すべし。」といったという。また、別の機会に面会したときには、中根が「調和すべきは朝幕にあらずして、幕薩なり。然るに大隅守殿素より格別の意見なく、小松帯刀とても他の勧誘によりて意見を立つるものの如くなれば、彼藩にて姦謀を逞しくするは彼の大久保一蔵有るのみなり。」といったと書いてある。「諸家往来」の中には、「大久保はいそがしい。開戦の後のことも考えねばならなかった。」と「いそがしい」という一語に、無量の重さと深さを担わせた印象的な文章が出てくる。「波濤」の中では、王政復古のクーデターをめぐる暗闘を叙しているところに、松平慶永の回想から、「外の者は皆心配して、大いに疲労するものあり。独り大久保に至っては、断然たるものにして心神精爽なりと人々感じ合えり。」という記述が引用されている。大久保の「意地張り」は、単に堅いものではなかった。「心神精爽」なのである。これは、慶永が感嘆し、他の「人々が感じ合え」るほどなものであった。

服部之総の『明治の政治家たち』の巻頭に載っていた大久保の顔は、服部が「絶対主義政治家の日本代表としてどこに出しても恥しくないとおもわれる大久保利通」と評するのが納得されるような顔であり、「絶対主義」の上に「心神精爽」に立っている人物に相応しい。明治初年、言い換えれば旧約期の明治とは、大久保利通が、池辺三山の所謂「意地張り」を全面的に発揮していた時代であり、「日本的なあまりに日本的な」因習が打破された、ある意味で「心神精爽」な精神性の裡にあったといえるであろう。

第四章

清沢洌の『外政家としての大久保利通』

第一節　『暗黒日記』の誤った評価

「愛国者」清沢洌

今日、『暗黒日記』で名高い戦前期の自主独立の評論家・外交史研究家、清沢洌の著作『外政家としての大久保利通』は、明治初年の旧約期の明治を考える上でとても興味深い本である。

清沢は、享年五十五という決して長くない生涯において、著書を二十数冊も残した多産な著述家であるが、この『外政家としての大久保利通』は、昭和十七年の刊行で、清沢の実質的に最後の著作なのである。清沢が急性肺炎のため急死したのは、敗戦直前の昭和二十年の五月二十一日のことであり、この本の刊行後の思索については『暗黒日記』によって知ることができるのだが、私はこの戦前を代表する自由主義知識人と普通呼ばれる人の、最後の著作が明治の大政治家、大久保利通についてのものだったことに或る感慨を覚える。

それ以前の著作には、『米国の研究』『自由日本を漁る』『巨人と語る』『非常日本への直言』『ソヴェト連邦の批判』『第二次欧州大戦の研究』などがあり、これらの題名でも分かるように同時代への批評を核とするものであった。それが、昭和十六年に刊行した『外交史』の執筆の中で、大久保の存在が大きく浮かびあがってきたということであろう。

清沢洌及び『暗黒日記』は、「戦後民主主義」的な価値観の中で、誤った評価を受けてきたように思われる。清沢自身は、この日記に「戦争日記」という価値中立的な題名をつけていたのであり、戦時中が「暗黒」だったといっている訳ではない。それが、『暗黒日記』という、戦時中を「暗黒」な時代だったとする「戦後民主主義」的な裁断に訴える題名に変えられることで、この日記は有名になり、清沢は戦時中の時局に批判的だったリベラリストの代表者のような歪んだ評価を得てしまったように思われる。もちろん、その見方の欠陥は、心ある評者によって修正されている。例えば、『暗黒日記』のちくま学芸文庫の解説で、橋川文三は、次のように書いている。ここの冒頭にある「こうした清沢の立場」というのは、時代に対する厳しい批判的態度のことである。

こうした清沢の立場に関して、彼を一個の強靭なリベラリストとよぶのがふつうである。そして一般に戦争前期から戦時下にかけての日本リベラリズムの運命という文脈において、清沢もまた評価されるのが常であるが、ここでは清沢におけるもう一つの側面、即ち熱烈な愛国者としての側面に注意を促しておきたい。清沢は昭和四年のころからすでに自称愛国者たちの攻撃目標の一つとされ、のちにはまた非国家主義的リベラリストとして言論報国会からボイコットされている。そして事実また当時の日本の政治指導者に対し忌憚のない批判をつづけて倦むことがなかった。日本の国民もまたしばしば痛烈な批判の対象とされている。ともに語るに足りるのは桐生悠々、正木ひろしの二人だけだ、という高い調子の言葉をもらしてもいる。しかし、すべてそれら一見冷然として日本を批判するかのような姿勢の根底にあったものは、ほとんど国士といってよいような烈々たる愛国者の気概である。「神よ、この日本を救え！」という祈念が「日記」の底を貫いていることを見のがすことはできない。「あぁ、天よ、日本に幸いせよ。日本を偉大ならしめよ。皇室を無窮ならしめよ。余は祖国を愛す。云々」（昭和十八年二月十一日）という言葉は彼の真情であり、日記が官憲に発見された場合への配慮などというものではない。それは恐らく清沢をよく知っていた人々にとってさえ、思いがけないであろうほどに激しい愛国者清沢の魂の叫びであった。時局を冷眼視するだけの口舌の徒ではなかったということである。

「愛国者清沢」ということでいえば、『外政家としての大久保利通』の中公文庫の解説は、文芸評論家の村松剛が書いているが、村松は清沢のことを「憂国の自由主義者」と呼んでいる。単なる「リベラリスト」とか「自由主義者」は、明治の政治家を高く評価することは余りあるまい。それも、服部之総が「明治絶対主義を代表した」政治家といい、「絶対主義政治家の日本代表として どこに出しても恥しくないとおもわれる大久保利通」と呼んだ大久保の外交力を高く評価するような著作を書いて死ぬことはまずあるまい。清沢が、大久保利通を書いて死んだことの重さは、清沢洌という人物が本物であることを示すとともに、旧約期の明治を代表する政治家、大久保利通の偉大さを自ずから浮かび上らせているのである。

大久保利通賛

私は、かつてこの著作を中公文庫で読んだが、大久保の「強靱さ」を改めて認識させられるようであった。それを絶賛する清沢の気迫が随所に感じられる力作である。普通大久保の活躍の場面として、幕末の王政復古に至る智謀とか征韓論をめぐっての西郷隆盛との激突などがあげられるが（例えば、前章でとりあげた池辺三山の『三大政治家』の中の大久保論においても征韓論には多くの頁を割いているが、北京談判における大久保については「余談」として一箇所出て来るだけである）、清沢は征韓論の後の台湾出兵から北京談判における大久保に注目している。こういうところに、清沢洌の端倪すべからざる批評精神が発揮されているのである。この時代はまさに旧約期の明治の時期であり、北京談判における大久保の強靱な精神に清沢が見て取ったものは、今日の日本にとっても大変重要な示唆を与えるに違いない。清沢は、「序」に次のように書いている。

日本外交史を通じて、最も異色あり、興味ある外交は征蕃事件から引続く北京談判である。

外交と内政とがからみあい、一つの時代と他の時代とが衝突する。舞台の正面に現れるのは大久保利通であるが、西郷が出て、李鴻章が明滅し、英米仏の列強が出て来る。この事件を通り越して、初めて内外に対する明治日本の地固めができた。

内政家としての大久保利通が、世に知られている割合に、外政家としての大久保は、案外紹介されていない。これは大久保のために考えて公平ではないであろう。殊に大久保のやったこの明治七年の北京会談は、清との最初の正面切っての談判であり、またそれが台湾へ派兵した跡始末のためであった点から、現にシナ事変を最大の問題として有している日本国民に、いろいろの示唆を与えるものがある。

こうした史実を正直に紹介するのが本文起稿の目的であった。ところが、さて筆をとってみると、外交家としての大久保を画くのには、北京会談だけでは充分ではない。北京で振った大久保の外交技術は、殆んど満点に近いにしても、かれの対外政策の理念を知るためには征韓論こそ、かれが莫逆の友として相許して来た西郷隆盛と正面衝突してまで争った不退転の立場であり、またその後、日本の外交と政治において絶えず対立するところの大陸派と内治主義とが、最初にその飛沫をあげた舞台であった。北京会談が近景であれば、征韓論は遠景である。この二つを並び画かなくては、外交家としての大久保利通の全貌を見ることはできない。(中略)

ただ自慰するところは、ここで取りあげた問題が、未だ系統的には何人によってもなされなかった一事である。最初の部分の征韓論については、余りに人口に膾炙しているが、後半の北京談判については、纏った研究叙述は、未だないようである。したがって、筆者は征韓論については、大久保の外交意見を知りうる程度に止め、主力を後者にそそいだ。征韓論に関する限りは、筆者によって新しく提供される材料はないと思うが、北京談判については、わが国において初めて紹介される資料が少なくないはずだ。

この『外政家としての大久保利通』は、「第一章　征韓論を中心に」「第二章　征台を敢行するまで」「第三章　日清間の予備交渉」「第四章　全権弁理大臣として」「第五章　北京談判の行詰り」「第六章　交渉妥結に到る」「第七章　大久保の心事と政策」から成り立っているが、第一章の冒頭には「いい政治家はまたいい外交官である。一つの幹の外に対《むか》う面は外政であり、内に対するものは内政だ。」と書かれている。ここに、清沢の大久保に対する高い評価が集約されている。第二章の第一節「自ら清に使いす」は次のように始まる。

征韓論について強く西郷の遣使に反対した大久保は、不思議な事情から自ら全権大使として清に使いすることになった。明治七年八月、征韓論廟議決定の事があってから十ヵ月後のことである。

明治七年は大久保にとっては極めて多忙な年であった。西郷去って後のかれは、その勤めた役割からいっても新内閣の柱石となるのは当然だった。明治六年十一月二十九日には内務卿となり、翌七年一月十日はその事務を開始した。かれはここにおいて本来の内治主義的政治家の本領に復ったわけである。欧米の知識を詰め込んで、沸くような経綸がその胸中に畳み込まれていた。

しかしかれはそうしていられなかった。江藤新平が士族の不平を糾合して佐賀に乱を起したという報が東京に着いたのは二月初旬である。征韓論の中堅として善戦したかれとしては、これを片附ける責任を感じないわけにはいかぬ。二月七日、大久保は岩倉に対し自ら佐賀に赴いて、暴動を鎮撫せんことを請うて許された。この時、たまたま、木戸が九州に出張する手筈になっていたが、大久保は是非にと自ら矢表に立つことを懇請した。明治の政治家はかつて責任を回避することを知らなかった。内政家のかれは一転して兵馬の権を握る司令官となった。よき内政家は、よき外政家であるごとくに、かれはまたよき軍人であった。よき頭脳は原則として一方的にのみ発揮されるものではない。

この「明治の政治家はかつて責任を回避することを知らなかった。」という言葉は、本書のライトモチーフともいうべきもので、ここには既に清沢洌に関するこれまでの研究書の多くの中で指摘されてきたように、清沢がかねて批判して来たし、『暗黒日記』の中では厳しい文章で論じられている「昭和の政治家」への批判が籠められている。

第四章の第一節「大久保の決意と重臣の反対」には、この「明治の政治家は責任を回避しない」というライトモチーフが「繰り返して」出て来る。

柳原公使はすでに北京に在り、これに対し政府は田辺を派遣してその方針を伝達した。大久保は、しかし考えた。柳原の報告によってみるも、清側の戦争準備は進んでいる。このまま議論を上下し、柳原の報告を待って廟議を決定するというのでは、外交上の好機を逸してしまう懼れがある。そこでまず廟議を確定し、更に重臣を派遣して清国政府と交渉談判をする必要があると。

直接談判に当る重臣は何人か。それは彼自ら以外にはない。元来、征台論はかれが最も中心の責任者だ。大久保の征蕃論の動機を以て「木戸は、窃かに大久保の私情に徇するを含み、必、西郷・前原等を鬱して、其内治主義を貫徹せんと希望するに似たり」と評して「私情」を以て観る者もある程だ。木戸が郷里に去り、また三条、岩倉もそれほど気が進まないのを、ここまで引張って来たのは大久保である。繰り返していうが、明治の政治家は決して責任を回避しない。況んや五月四日台湾に派兵することを決した時「前条決着に付、難題を醸出し候節は、大久保始其責に任ずべき事」とその責任を名言してあるにおいてをやだ。

同じ章の第二節「広大なる権限と準備」の中には、「大久保は断じて責任を回避しなかった。」とか「右の如く背後の準備を了し、かつ自らは広大無辺の権限を有して大久保は、責任を一身に負うて北京に使いせんとするのである。」といったライトモチーフの変奏が出て来る。

「何ジャッチ」という声

第五章の第二節「談判、破局に瀕す」には、「外国の公評、清側の態度、日本国内の準備等八方に目を配って、外交交渉を進めるところ、政治家大久保の面目を見ることが出来る。」とあり、これは「序」に書いてあった「北京で振った大久保の外交技術は、殆んど満点に近い」という極めて高い評価に通ずるものであろう。同じ章の結びの第六節「談判不調、帰国に決す」には、「だが大久保の外交官としての真価は、その議論の周到とともに、かれのねばりにある。かれは尽すべきは総べてを尽さなくてはやまない。」とあるが、この「ねばり」の指摘は、池辺三山の「意地張り」という評言と似ている。池辺の大久保論には、北京談判における大久保については、「余談」として一箇所だけ出て来ると前述したが、それは、次のようなものである。

サアここでまた私はさらに大久保の大特性大特色を認めぬわけにゆかぬ。一体政治家というものは武人の権力を酷く怖がるものだが、大久保はそうでない。征韓論の破裂は、結局意見の相違が本だと帰納する外はないですから、その衝突は政敵対抗の行為である。軍人、ことに天下随一の人望を持っている大軍人を政敵として、友誼も友情も抛《なげう》ち、またその上半生の相互の関係歴史も抛ち、その結果、天下を敵とするの恐れあるにも憚らず、断然として排斥して、文治内閣を自己中心的に建立して、屹立するというその政治家的骨格の構造のしたたかなことといったらない。大久保は到底政治家として軍人輩の下に立つことは肯んぜない。また余談ですが、明治七年の台湾征伐の時に、これは日本と支那との争いだといって、英仏とも局外中立をやって船も人も貸さない。それで政府は弱ったが、台湾征討都督西郷従道が承知せぬ。おれは勅命で行くんだから政府の意見がどうあろうと行くといって行く。大西郷に困らぬ大久保がちょっと小西郷に弱らせられて、その跡を追っかけて九州に行ったが、旅館に泊まっているところに故野津大将の兄いわゆる大野津、即ち野津鎮雄という人がやってきた。この人は薩摩の一代表軍人であったが、大久保に向って「今度もまた因循でゴワンすか」とやった。すると大久保は膝を立て直して「何じゃッチ、七左衛どん」(何だと、七左衛門)とやった。大野津は黙ってしまった。それを傍で聞いておった大迫大尉、即ち今の大将が、「上には上があるものだ」と今に語るそうだ。大久保の対軍人的地歩はこれだ。私はこの点においては大久保をえらいと思わざるを得ぬ。

この大久保のエピソードは、清沢洌の『外政家としての大久保利通』の中では、第二章の第八節「西郷従道、命を聴かず出発」の末尾に次のように書かれている。元治元（一八六四）年生れの池辺と明治二十三（一八九〇）年生れの清沢が、四半世紀の年の隔たりを超えて感銘深く受け止めているのが興味深いので、清沢の記述も引用しておこう。

この夜のことである。陸軍少将野津鎮雄はやや酒気を帯びて大久保を訪問したが、挨拶が終るや、今回も因循説にて終るべき乎と言った。大久保は容を正し、厳然として、七左衛ドン、何ジャッチ（七左衛は鎮雄の俗名、何ジャッチは何をいわれるかの意味）と一言したのみであった。野津は大いに畏縮して、そのまま黙したという。この野津と同行した後の陸軍大将子爵大迫尚敏は、当時陸軍大尉であったが、後に語って、自分らは野津将軍を豪傑の士だと崇敬しておったのに、その様子を見て上には上があるものだと深く感じたと言った。また随行の武井守正（男爵）も同じ感じを持ったとのことだ。

旧約期の明治という時代は、厳しい局面において、この「何ジャッチ」という声が聴こえてくるように思われる。現実の世界に、「絶対」が突き刺さってくるような感じを受けるのである。旧約期の明治とは、「絶対」が顕現しようとこちらに向かってきつつあった時期ともいえるであろう。ここで、あのシルクハットを被った大久保利通の顔が思い浮かぶ。

清沢は、この大久保利通賛ともいうべき本の最終章「大久保の心事と政策」を次のように結んでいる。

最後に著者は大久保が明治日本につとめた役割について仏人史家クーランの言を引いて、結語としたいと思う。かれによれば、大久保の生涯は、一言でつくせば、十ヵ年たらずの間に、極めて複雑なる封建制度の日本を、中央集権化した近代国家としてしまった点にある。固より、これには種々の要因があったのは無論だが、ちょうどヘンリー四世（Henry IV）のフランスからルイ十四世（Louis XIV）のフランスになるにはリシリュウ（Armand Jean du Plessis de Richelieu）が必要であったと同様に、旧い日本から新しい日本を作るには大久保を必要としたのである。一八六〇年の清はアジアの三分の一を支配して、数世紀に亘る統一された国家であり、種々の点で劣弱なる日本よりも遥かに犯し難きものであった。しかるに、その日本が、我々の鼻先で前代未聞の進展をなし遂げたに拘らず、清は旧態依然たるものがあった。清は泰西の科学と機械を排斥し、同化することを知らず、公共精神《エスプリ・ピュブリック》を欠如していた。これらの要素なくして、近代国家への進展は望み得ない。日本を成功せしめた素因こそ、これらのものであり、これをリードしたのが我が大久保なのである。こういって来て、この史家は結論するのである。「大久保が斃れたのは、過去と争い、急進《アーティフ》な将来と争い――久光と西郷と争い、板垣と争った結果であることは一点の疑もない」

内村鑑三の大久保評

このように大久保論を見てくると、内村鑑三の「日記」の中に大久保利通についての記述があったことを思い出した。内村といえば、大久保というよりも西郷隆盛が思い浮かんでくるであろう。三十三歳のときに執筆した『代表的日本人』の中に、有名な西郷論があり、これについては橋川文三が「おそらく汗牛充棟もただならぬ西郷論のうち、もっとも熱烈純粋な讃美をささげたもの」と評している（「西郷隆盛の反動性と革命性」）。その内村が晩年の昭和三年（死の二年前）、六十七歳のときの「日記」に次のように書いているのである。

五月十四日（月）晴　今日が甲東大久保利通公が麴町紀尾井町に於て兇刃に斃れし満五十年であると聞き今昔の感に堪へなかった。自分は札幌に在りて其報を聞いてビックリした事をハッキリと記憶して居る。実に偉らい人であった。維新の平和的大政治家であって、若し公が長命されたならば日本の今日は全然別の国であったらう。自分が基督教に入りしと同時であって、自分は大久保利通公が殺されし其年にキリストに救はれたのである。

内村鑑三は、「維新」の政治家たちに対しては、大方批判的であった。それは、大正十一年に山県有朋が死んだときの「日記」に、「大隈公や山県公とは余はたゞ同時代に同じ国に生きて居たと云ふ事の外は何も関係が無いのである。」と書いているのでも分かる。昭和二年二月十四日、自身の誕生日の「日記」には、「岩倉具視、伊藤博文、大隈重信と云ふやうな神、キリスト、来生と云ふが如き事には全く没交渉の人等と同時代に此世と此国とに在り、彼等の無神、物質的傾向に対して闘ひ、兎にも角にも信仰を維持して今日に至った。」と岩倉、伊藤、大隈の名前を出している。この日の「日記」には、「思へば実に維新の青年政治家輩は乱暴な事を為したのである。基督教抜きの西洋文明を日本に輸入して、毒消し無しの毒物を日本に輸入したのである。」と文明批評的な観点から批判している。大正八年の「山上雑話」には、「宗教的には全然無意識なりし薩長の政治家に由て建設せられし日本の社会は日本人の立場より見ても最も劣等なる社会」という風に「薩長の政治家」の欠点を指摘している。

ここで、注意されるべきことは、大久保利通の名前が出てこないことである。西郷隆盛を「薩長の政治家」を超えた存在と見なしていたように、西郷に匹敵する大久保を「薩長の政治家」とは別格の存在と考えていたのかもしれない。『代表的日本人』で内村が抱いている西郷像は、橋川文三が「そこに描かれている西郷は、あたかも『天』の啓示をうけた『聖人哲人』のごとき存在であり、ほとんど、『クロムウエル的の偉大』をそなえた霊感的な人物であった。」と評したように、極めて宗教的な人物であった。西郷と多くの点で（精神的にも）対極的な人間として考えられている大久保に、内村は、伊藤や山県などの「宗教的には全然無意識なりし薩長の政治家」とは、違う何かがあることを直観していたのかもしれない。両極端は、一致するという。大久保利通という、服部之総が「明治絶対主義を代表した」と評し、池辺三山が「意地張り」といい、清沢洌が「決して責任を回避しない」「ねばり」と称讃した大久保の本質に、内村は何か「絶対」に貫かれている人物を感じ取ったに違いない。「何ジャッチ」という精神が顕現しているように思ったのではないか。そこから、岩倉、伊藤、大隈などの「維新の青年政治家輩」の「無神、物質的傾向」を批判した昭和二年の翌年の「日記」に「実に偉らい人であつた。維新の平和的大政治家であつて、若し公が長命されたならば日本の今日は全然別の国であつたらう。」との大久保賛を記すことになったのであろう。

第二節　明治の精神を受け継いだ評論家

研成義塾と井口喜源治

清沢洌を語ってきて、内村鑑三のことを思い出したのは、内村を近代日本の柱石と考えている私の我田引水では決してない。近代日本における傑れた精神の源泉をたどっていくと、内村鑑三にぶつかることが実に多いのだが、清沢もその一例に過ぎない。清沢の自主独立の精神を考えるとき、内村との関係は欠かせないからである。

清沢洌は、明治二十三年、長野県南安曇野郡北穂高村に生まれた。裕福な農家の三男であった。明治三十六年に同村の小学校を卒業。井口喜源治が北穂高村に明治三十一年に創立した研成義塾に入り、その井口の感化を深く受けることになった。清沢がこの塾にいたのは、明治三十八年まで、十三歳から十五歳までである。

明治三十九年、義塾の友人東条鱎《たかし》（後に東京銀座にワシントン靴店を創業）らとともに渡米。「渡米した清沢は、一九〇七年から一八年にかけて、デパートで雑役をしながら、タコマ・ハイスクール、ウィットウォース・カレッジに政治・経済を学び、現地の邦字新聞記者、寄稿家として身を立てる。」（山本義彦『暗黒日記』岩波文庫解説）大正九年に帰国して中外商業新報社に入社、後に通報（外信）部長になる。昭和二年、東京朝日新聞社企画部次長に転じた。同四年、右翼の攻撃の的になり朝日を辞し、フリーランスの評論家になる。次々と著作を発表、自主独立の評論家・外交史研究家として一貫するも、昭和二十年五月に急死する。

このような清沢の、ある意味でユニークな生涯を貫いているのは、研成義塾の三年間における井口喜源治の感化である。そして、この井口は、内村鑑三の弟子なのである。

もう二〇年近くなるだろうか、安曇野を旅行したときに、井口喜源治記念館を訪ねたことがある。あまり記憶もはっきりしないが、荻原守衛（碌山）を記念した碌山美術館を訪ねた後に、井口喜源治記念館に回ったのだが、碌山美術館の方は、尖塔がキリスト教の教会を思わせる美しい建築で来館者もかなりいたように覚えているが、井口喜源治記念館の方は、地味な建物でほとんど人は来ないようであった。このような現象にも、今日の日本人の教養の偏りが現れているといえるであろう。しかし、この記念館に展示されている写真の中に、「研成義塾第一回卒業記念」と記された写真があり、それに井口とともに荻原が写っているのである。近代日本における彫刻家の偉才、荻原守衛は、年齢の関係で（九歳年下）研成義塾には学ばなかったが、井口の夜学に通い、英語を教わり、信仰談を聞いたりして深い感化を受けた井口喜源治の弟子ともいえる存在であり、碌山の芸術を理解するためには、師の井口について知ることが必要に違いないからである。しかし、日本の教養というものは、碌山の美術を鑑賞するにとどまり、その源泉である精神にまで達しないで終ってしまいがちなのである。

井口喜源治は、明治三年に長野県南安曇野郡東穂高村（つまり、清沢の生まれた北穂高村の隣村）に生まれた。明治二十二年、長野県立松本尋常中学校を卒業。在学中、米人宣教師（英語教師）エルマーによりキリスト教に開眼される。後、明治法律学校に学ぶ。明治二十三年、明治法律学校中退後、長野県の高等小学校の教師になる。東穂高高等小学校に在任のとき、相馬愛蔵（同じ東穂高村出身で、新宿中村屋の創業者、相馬黒光の夫）等が創立した東穂高禁酒会に入会。明治二十七年に、村内への芸妓置屋設置問題に対し、相馬等禁酒会の会員とともに精力的な反対運動を始める。明治三十一年、反対運動の甲斐もなく、芸妓置屋が出来てから、校内の風紀も乱れ、校長を初めとする同僚教師等からの排斥にあい、自ら退職するに至る。そして、この年の十一月に相馬の勧めもあり、研成義塾を創立するのである。井口喜源治、二十八歳であった。その後、明治三十三年の夏には、荻原とともに上京し、内村鑑三の第一回夏期講談会に出席したりしている。そのとき、出席者全員で撮った集合写真が残っているが、井口や荻原（当時、二十一歳）と一緒に、小山内薫の姿が写っているのが印象的である。

内村は、研成義塾に何度も訪れ、講演している。昭和三年、研成義塾創立三十周年の記念会に際して、「回顧三十年」と題した講演を愛弟子の斎藤宗次郎（宮沢賢治の精神上の兄的存在）を穂高に派遣して、代読させた。死の二年前の内村は、体調がすぐれなかったからである。その演説草稿の中で、内村は次のようにいっている。

研成義塾は誠に小なる学校であります。多分之よりも小なる学校を想起する事は出来ますまい。校舎一棟教師一人と云ふのであります。其他設備らしき者は一つもありません。それが三十年続き、七百人の卒業生を出したと云ふのであります。実に不思議と云はざるを得ません。若し井口君の意地が然らしめしと云ふならば、井口君は意地の非常に強い人でありま す。意地ツ張りも茲に至つて尊敬すべきであります。然し意地のみではありますまい、神の恩恵が伴うたのでありませう。

ここに「意地張り」という、池辺三山が大久保利通についていった言葉が出て来るのに或る興味を感じる。大久保の「意地張り」も「茲に至つて尊敬すべき」ものであったからである。内村が井口の教育実践を極めて高く評価していたことは、この講演の中で、中江藤樹の名前を引き合いに出していることでも分かる。中江藤樹は、内村が『代表的日本人』の中で、「村落教師」の副題でとりあげた人物だからである。内村が、井口を中江藤樹と比較していることは、他ならぬ清沢洌が、「無名の大教育家」と題した文章で触れている。昭和十三年に井口が死んでから一年経って、追悼会が開かれたが、それに出席したときのことを書いた文章である。

昭和四年三月にこの私塾が三十ヶ年の創立記念を行った時に、当時のキリスト教界の大立者内村鑑三氏は、同氏としては類例のないほどな礼讃の言葉をこの田舎教師に贈った。「江州小川村の中江藤樹先生は一人の世界的大教師であった。……井口君と研成義塾とは、明治・大正の日本において教育上の一つの貴き、意味のある実験を試みました」と。

杜甫の詩に「大丈夫蓋棺事始定　君今幸未成老翁」というのがある。人間の生涯の評価が、棺を蔽うて定まる実例を示した事、この井口先生の如きは世に多いであろうか。一粒の麦が地に落ちて死なずば、たくさんの麦の収穫はない。田舎教師が死んで一年。種はかえって豊かにその実を結びつつある。

ここで、かのドストエフスキーの『カラマーゾフの兄弟』のエピグラフに掲げられた、聖書のヨハネ伝第十二第二十四節の「誠にまことに汝らに告ぐ、一粒の麦、地に落ちて死なずば、唯一つにて在らん、もし死なば、多くの実を結ぶべし。」が清沢によって連想されていることの意味は決して小さなものではないであろう。この追悼文の中で、自身の渡米については、次のように振り返っている。

その後、僕は当時の渡米熱の波に乗ってアメリカに行ったが、自ら固く決心して、神に近い生活をなし得る百姓になるか、それともキリスト教の伝道師になるかの一つを目がけたのであった。現に当時、一緒に渡米した人々は今でも手固い農業家になって模範的な生活をしている。

青年清沢の「固く決心」した顔

この青年清沢の「固」い「決心」は、その後の清沢洌の道程を貫いたものに他ならない。曖昧な「良心」などというものに動かされているだけの「微温《なまぬる》き」リベラリストとは、全く次元の異なる人物である。ここで、井口喜源治記念館に展示されてあったもう一枚の写真を思い出す。「明治四十三年十月二十三日　研成義塾創立十二年を祝して　北米シヤトル教友会」と記されている。十数人の青年が立っている集合写真だが、このとき清沢は二十歳である。渡米して三年目である。他の青年も同じくらいの年恰好だが、みな「自ら固く決心」した顔をしている。教友会というのは、無教会主義の内村鑑三の下に集まった基督者の組織である。それが、シヤトル（シアトル）にも出来ていたことにも、或る感銘を覚えるが、その教友会に若き清沢が入っていた事実に、更なる感銘を受ける。日本から渡ったピューリタンたちがここにいる。彼らの渡米の動機が、ピューリタンの建国したアメリカに「ピューリタン精神を移して精神的廃頽の彼の地の同胞の間に神の

明治四十三年十月二十三日　北米シヤトル教友会
研成義塾創立十二年を祝して
中列右より三人目：清沢洌
（斎藤茂・横内三直編『井口喜源治』井口喜源治記念館、改訂再版 1978 年）

国を建てるという大望」だったのである。

「集まるものが三十数名で、いずれも固いクリスチャンだ。」と清沢がいう追悼会の席上、求められるままに次のような話をしたと書いている。「井口先生」の感化がどのようなものであったかが分かる。

僕は指されたままにこんな話をした。

「僕はクリスチャンではなくなった。生きておられたら井口先生は何よりもこれを遺憾にされると思う。クリスチャンではないけれども、しかし少年時に私に与えられた井口先生の感化は今なお続いています。私は井口先生によって、世の中には金や地位や名誉よりも、もっと大切なものがあることを知りました。それは信念です。私は過去において、また現在において、自身が考えて正しいと思うことを曲げたことのない一事は恩師の前に申しあげることができます。井口先生はクリスチャンでしたから、神様を言われました。未信者の私は愛する国家のために正なりとするところを及ばずながら主張するのです。時には自己一身の不利を覚悟しながら。」

清沢の『暗黒日記』を、まさに「私は愛する国家のために正なりとするところを及ばずながら主張する」気迫を感じながら読んできた読者は、死の一カ月前の四月十六日の記述に或る感慨に襲われるのではないか。空襲の次の日の日記である。

そうしたものを拾い集め、跡始末をして朝食に移転した家に来る途中、僕は「神様はあるのじゃないか」という気がした。家を中心にして、これだけの焼夷弾が落ちたのに、それが一つも家の屋根に当らなかったのは、真に奇蹟である。「神が僕を助けたのじゃないか」と僕は感じた。考えてみると、不思議だらけの幸運だ。瞭が「家は焼けても仕方がないから、下の防空壕に這入りましょうか」といったので、ぼくは「それもそうだなア」と見にいったのだった。その途中の、あの焼夷弾の落下だ。瞭が東から、ぼくは西から、時を移さずに消火に努力したのも、消火し得た最大な原因だった。一方だけに居ったら駄目だったかも知れぬ。五分も経てば、もう竹笹の垣に燃え移っていたに違いない。軽井沢に出発できなかったのもかえって幸福だった。かつて信じたキリスト教の信仰が、心底に動いて来て、そこに伏して感謝したいような気持になった。

清沢の「心底」には「キリスト教の信仰」が沈潜していたということではないか。清沢は、いずれにせよ一カ月後に急死するのである。何故、「神」はこの空襲では、清沢を死なしめなかったのか。清沢に「神様はあるのじゃないか」と気がつかせるためであったのか。そして、それを日記に書かせ、後の日本人に読ませるためであったのか。この死の直前、清沢は「かつて信じたキリスト教の信仰が、心底に動いて来」たのである。やはり、清沢の時代に流されない自主独立の精神の淵源には、内村鑑三、井口喜源治につらなる「キリスト教」の精神があったのである。そういう意味で、清沢洌は、旧約期の明治に精神的な根っ子を持っていた人といえるであろう。

独学者・清沢洌

清沢に旧約期の明治の精神的気風を感じさせるものに、清沢が「独学者」であったことも挙げられるであろう。前述したように、清沢は正規の学校教育を受けていない。このことについては清沢自身が「私は全くの独学者です。正式に学校の門をくぐったのは、ほんの暫くの間だけでした。しかし今から顧みて、学問というものは、学校に行くということではないと考えます。物を学ぼうという精神のことなのです。三ヶ年、学校へ行って勉強するよりも、三十ヶ年、たえず知識を吸収する方が、結果がいいことは確かです。」といっている。「独学者」であることに深い自信をもっていたことが分かる。そもそも「明治の精神」とは、本質的に「独学者」であった。内村鑑三もキリスト教については「独学者」であった。岡倉天心も美術については「独学者」であった。「明治の精神」の強靱さは、こういうところから生れて来るのである。

そういう意味では、清沢洌の『外政家としての大久保利通』は、旧約期の明治を代表する大政治家を旧約期の明治の精神を受け継いだ評論家が描いた作品なるが故に、歴史的な傑作といえるであろう。

第五章

尾佐竹猛の『明治秘史 疑獄難獄』

第一節 「歴史の活眼」

小林秀雄と尾佐竹猛

小林秀雄の年譜を見ると、昭和七年、三十歳のところに、四月、明治大学に文芸科創設に伴い、講師に就任する、とある。文科専門部長が尾佐竹猛で、文芸科長は山本有三であった。昭和十三年に教授に昇格し、敗戦後の昭和二十一年に辞任した。この明治大学の教師であることをめぐって、小林は「歴史の活眼」という文章を書いている。昭和十四年の発表で、教授になってからのものである。

明治大学に文芸科といふものがあり、僕はそこで生徒を教へてゐる。もともと先生など柄ではないのだから、いづれ馘になるか、こっちから飛び出すだらうと思つて教へ始めたが、やつてみると余程のんき気な学校であるせゐもあり、其他いろいろで、何んとなく六年も経つて了つた。

そこで、三年ほど前から日本歴史を教へてゐる。君は学校で何を教へてゐるか、と聞かれて日本歴史と答へると笑はない人はない。併し、僕の考へによれば、教師が自分のよく知らぬ事を教へてはいけない理由はない。知つてゐる事ばかり、蓄音機の様に喋つてゐるから、生徒の方でもろくな事を覚えない。教師が勉強し乍ら、あやふやな事を喋るのも、教育の一法である。とは言ふが、これは理窟ではどうでも附くといふ見本の様なもので、別段そんな理窟から始めたわけではない。たゞ、自分の知つてゐる事を教へてゐるのが、たまらなく退屈になつたので、今度は知らぬ事を教へさせて貰ひ度いと申し出て、許可を得たのである。なかなか解つた学校である。

学校の尾佐竹猛博士は、苦笑ひをしてをられた。僕は講義題目を堂々と日本文化史としたからである。尾佐竹博士も致し方ないと思つたのであらう、日本文化史の講義が出来る様な学者は、日本にはゐない筈だから、日本文化史研究としてはどうか、言はれた。僕は、うまいことを言ふ先生だと思つた。

この小林の文章を、昔読んだときから、尾佐竹猛という名前は、尾佐竹という珍しい苗字のこともあって、記憶に残っていた。つまらぬものを批判するのも批判しきっていないからだ、そういうものは黙殺するのが一番というようなことをいっていた小林の文章に出てくる同時代の作家や学者は、極めて少ない。この「尾佐竹猛博士」などは、実に稀な例である。この「苦笑ひをしてゐる」人物は、印象鮮やかである。小林が、「僕は、うまいことを言ふ先生だと思つた」と書いたということには、小林が好きなタイプの人物であったことを感じさせる。実は、この話は、折口信夫との対談「古典をめぐりて」（昭和二十五年二月）の中でも、小林は出している。そのくらい、尾佐竹猛とのやり取りは印象深いものがあったのであろう。

この「歴史の活眼」という文章の終りの方に、小林は次のように書いている。

歴史を見る活眼、さういふものは、明治時代、国民の心が西洋から這入つて来た新しい実証主義の学問に跳りかゝつた時、大胆に歴史といふ学問を、新しくたゝき直さうと努力した学者達の間に一番よく現れてゐると思ふ。その後、歴史の活眼は、次第に曇つて来てゐる様に思ふ。史料の泥沼に足が次第にめり込んで、活眼を失ふ道、もう一つは、唯物史観の様な歴史学の方法の便利さに心を奪はれ、活眼とは何ものであるか解らなくなつて了ふ道、凡そこの二つの道を通つて大勢は堕落しつゝある。

尾佐竹猛には、この「歴史の活眼」があると感じていたのかもしれない。しかし、尾佐竹猛の名は、今日広く知られているとは決していえない。私が、尾佐竹猛の名を眼にしたのは、平成元年に『幕末遣外使節物語』が講談社学術文庫で出たときや、平成三年に『大津事件』が岩波文庫に入ったとき、それくらいなものであった。それが、近来、明治に関係するものをよく読むようになると、尾佐竹の名がときどき、出て来るのに気がつくようになった。

例えば、橋川文三の近代日本思想史の傑作「乃木伝説の思想――明治国家におけるロヤリティの問題」の中で、尾佐竹の文章が印象深く引用されている。

乃木自刃の報はその夜のうちに都内にひろがったようである。森鷗外は青山斎場からの帰途これを聞いているし（後述）、尾佐竹猛は東京地方裁判所の宿直室でこれを耳にしている。尾佐竹の記述によれば、当夜の宿直員たちの間に、たまたま殉死の雑談が出たという。

「やがて私は話題を転じて、古えは殉死ということはあり、下りて徳川時代となっても、将軍の死や大名の死でも、殉死があったものだ。しかしこれも歴史上の物語りに過ぎぬと何の気もなしにいったのであった。すると同僚は、また尾佐竹の史癖が始まった。時勢は変った、如何に恩寵を辱うした重臣でも、そんなことを夢にも考えて居るものはないよ、と冷評的にいわれたのであった。（略）斯くして暫く時は経ったのである。そのとき、あわただしく隣室より顔色を変えて飛び込んで来たのは、（略）『オイ君の予言は当ったよ、乃木将軍は殉死だ』という。私は私の耳を疑ったのであった。（略）斯くて、事の真相が知れるに至って、私は飛び上らんばかりに驚いたのである。冷水三斗を頭から浴せられたともいうべきか、何とも形容の出来ぬ驚きと、現代に有り得べからざる奇蹟の実現と、そ

して敬仰の念に打たれたのであった。」（渡部求編著『青年時代の乃木大将日記』の序文）

ここに記された尾佐竹の「まさか？　いや、あるいは？」という最初の反応は、後述の鷗外日記にも歴然とあらわれている。「予半信半疑す」という箇所がそれである。そしてそれが、自刃の第一報に接したおそらくすべての人々の実感であったろうと思われる。

このような「予言」に、尾佐竹の「歴史の活眼」が発揮されているといえるであろう。「現代に有り得べからざる奇蹟の実現」とか「敬仰の念に打たれた」といった言葉に、尾佐竹の「歴史の活眼」の由って来る精神的姿勢が現れている。

「明治文化研究会」

明治初年、いわば旧約期の明治を考える上で、石井研堂の『明治事物起源』は必読書なのであるが、この大著は今日、全八巻としてちくま学芸文庫に入っている。この『明治事物起源』の増補改訂版が、昭和十九年に出たとき、尾佐竹は、「序」を寄せている。この「序」がちくま学芸文庫版の冒頭に載っている。

『明治事物起源』の大増訂改版成る、斯界は歓呼してこの金字塔のさらに一大光輝を増したるを喜ぶ。
回顧すれば、本書初版の世に出でしは明治四十年にして、実に著者二十余年の研鑽の累積たりしなり。余輩の当時この書に接したるときの驚喜の情は、三十余年後の今日、いまなほ脈管に蘇るものあり。おもへらく世には、かかる有益にして興味ある書のありやと、寝食を忘れて貪るがごとくこれを耽読せり。（中略）
さきに、増訂版の出でしとき、吉野作造博士は寝食のときを節して、これを読み、つねに座右を離さずといひ、徳富蘇峰氏はこれを評して、「石井研堂君の『増訂明治事物起源』は、チエンバレーン氏の日本に関するものを、明治の年代に局限し、しかも博引、傍捜、精詳、審悉、ほとんど明治年間の万宝全書といふも、過称ではあるまいと思はるる。かかる著作は、とても原稿料を目的としたる請負仕事では出来ない。著者みづからその仕事に深甚の興味を感じ、かつ経験あり、素養あり、さらに能力あるものでなくては、出来るものではない。この点において、著者は正しくその人である。すなはち研堂君ありて始めて、この一書ありといふべし。」との一大長篇を新聞紙上に掲げてこれを絶賛し、さらに、その著書中にも、この文を採録せり。あへて余輩の冗筆をまつの要なきなり。（中略）
ただしかり、しかりといへども、他の各方面においては、その後継者は絶無にあらず、あるいは、たまたまもつて、著者以上に出づるもののなきを保しがたきといへども、『明治事物起源』に至つては頂天立地、絶対に他の追随を許さず、いはゆる、研堂以前に研堂なく、研堂以後に研堂なしのおもむきあり。世には事物起源に関するの書は、必ずしも乏しからざるも、一時代に局限してかかる大著あるは、古今いまだかつて見ざるの一大壮観たり。もとより明治時代はもつとも複雑なる時代なるがゆゑに従つて資料も多きため、かかる大著となりたるといふを得べけんも、過去十八世紀にわたる古今東西の文化の一度に殺到し来りたるこの時代は、その間、矛盾あり撞着あり、しかうして進歩あり発展あるの事蹟は、応接にいとまあらず。これを整理し、これを塩梅するだけなりとも尋常凡手のよくするところにあらず、さらにいはんやいちいちその起源を探究することのごときは、決して容易の業にあらざるなり。

ここで、尾佐竹が「明治時代」を「もつとも複雑なる時代」と呼び、「過去十八世紀にわたる古今東西の文化の一度に殺到し来りたるこの時代」と評しているところに、尾佐竹猛の「歴史の活眼」が発揮されているように思われる。「序」には、続けて「明治文化の研究はこの書によつて促進せられ、指導せられ、しかうしてその唯一の参考書としてまた教科書として、座右を離すべからざるの好著として称誉せらるるはむべなりといふべし。」と書かれているが、尾佐竹は、吉野作造によって作られた「明治文化研究会」の、宮武外骨、石井研堂などとともに会員であり、初代会長の吉野が昭和八年に死去した後は、会長になった。小林秀雄と明治大学で交渉があった頃は、会長だったことになる。

山田風太郎の明治小説と尾佐竹猛の著作の関係は深い。ちくま文庫版の『山田風太郎明治小説全集』全一四巻の中に、尾佐竹の名は一回出て来る。全集の第二巻『警視庁草紙 下』に、次のように書かれている。その他には直接的には出てこないが、山田の明治小説の題材は多くを尾佐竹の著作から得ているように思われる。

法学博士尾佐竹猛は、井上馨を弁護していう。

「名が熊坂長庵では、なんだか芝居の熊坂長範に似せて（司法当局が）いいかげんに拵えたもののように見えるから、（世人は）てんで取り合おうとはしない。しかしそんなことは拵えることが出来るものではなく、また拵えるくらいならこんなまずい名前をつける必要はないではないか」

権力者が苦しまぎれにでたらめの犯人を作りあげたのだろう、という世論に対する反論である。

このように、明治初期の時代をめぐっていろいろ考えていると、この尾佐竹猛という名前によく出会うのである。それが、今日、それほど人口に膾炙していないのは、「戦後民主主義」の風潮に尾佐竹が合っていなかったということであろう。例えば、さきに引用した「序」には、次のような文章もある。

いまや明治文化の研究はすでに国民の常識となり、さらに大東亜共栄圏の諸国が、わが国の興隆のゆゑんを明治時代に求めて、その研究に熱狂するのときに当たり、この書が出づるはまたもつて、今次聖戦の一大目的に適するものといふを得べきなり。

そして、末尾には、「紀元二千六百四年　明治七十七年　昭和甲申の浅春」とある。「大東亜共栄圏」「今次聖戦」とあっては、戦後高く評価されるということは極めて難しい。「紀元二千六百四年」的な歴史観を自覚的に持っていた人は、歴史家として戦後の学界で批判的に受け止められたに違いない。違いないというのは、尾佐竹は、戦後直ぐ、昭和二十一年十月に六十七歳で死んでしまったからである。

この敗戦直後に死去したことも、尾佐竹を不当に忘れさせるのに作用したであろう。それは、同じく昭和二十一年のこちらは四月に六十一歳で死去した日本思想史学者、村岡典嗣のことを連想させる。本居宣長についての先駆的な研究をした村岡は、戦前、平田篤胤などの国学者について論文を発表していたが、戦後の逆風の中で死んでいった。戦後直ぐ死んだことで、その忘却は一層進んだのである。尾佐竹の場合も、似たような事情が作用したのであろう。敗戦直後に死んだ立派な学者もかなりいるのではないかと考えさせられる。村岡の恩師、宗教哲学者の波多野精一は、或る書簡で「村岡君の長逝は、全く栄養失調のためでした。」と書いているが、尾佐竹も似たような苦境のうちに死んだ。

上等な「下等」という逆説

小林が書いたように、「唯物史観の様な歴史学の方法の便利さに心を奪はれ、活眼とは何ものであるか解らなくなつて了ふ道」を戦後の歴史学界は歩んだ。一方で、尾佐竹は「史料の泥沼に足が次第にめり込んで、活眼を失ふ道」を回避することが出来た人である。戦後は、主流の「唯物史観」の反動として、「史料の泥沼」の中で歴史を弄繰り回すことも多く見られた。表面的に見ると、尾佐竹は、こちらのタイプと見られがちであり、現に尾佐竹をそのような「史癖」の点で評価する人もいるようである。何しろ、『賭博と掏摸の研究』というような著作のある人である。しかし、尾佐竹の本領は、そのようなところにはない。やはり、「歴史の活眼」を持っていたことが大事なのである。『下等百科辞典』という奇書もあるが、これをもじっていえば、上等な「下等」なのである。この逆説の中に、尾佐竹猛の魅力は潜んでいる。小林が、尾佐竹に感じたものは、恐らくこれであり、小林が作家の五味康祐にも感じた魅力と似たものであったように思われる。

尾佐竹猛は、明治十三年に金沢に生まれた。父は、旧金沢藩儒者、尾佐竹保。上京して明治法律学校（明治大学の前身）に学び、三十二年卒業、司法官試補となり、福井地方裁判所、名古屋控訴院の判事となった。公務の傍ら、史料の収集に興味を持ち、大正九年に『（新聞雑誌之創始者）柳川春三』を刊行した。その前、大正七年に東京控訴院判事となり、以後東京に居を据え、司法官の立場から日本の法制史・刑罰史・裁判史などに関する論文・随筆を法学関係の諸雑誌に発表した。

やがて研究の中心が明治維新史に向かい、大正十四年に『維新前後に於ける立憲思想』を出版した。吉野作造と会ったのは、大正十年で、前述したように吉野らと明治文化研究会を起こしたのは大正十三年のことで、この年には大審院判事となっている。この他、母校明治大学の法学部の教授として、さらには文科専門部長として明治史などを講じるが、これが小林秀雄との縁を齎したのである。

昭和十七年大審院退官、憲政史研究に専念しようとしたが、戦災で蔵書、史料を焼失してしまい、失意のうちに敗戦直後に死去した。

戦災というものは、多くの人命を奪ったが、このように精神を殺すことで肉体も亡びるということもかなりあったに違いない。村岡典嗣もその例である。それによる文化的喪失も深いものがあるであろう。

また、戦災によって尾佐竹猛所蔵の蔵書、史料が焼失したという事実を考えてみると、大東亜戦争の空爆による日本全体の蔵書、史料の喪失がどれほどのものであったかということに思いが及ぶのである。大東亜戦争と応仁の乱を比較するのは、規模も違うのは承知の上だが、ここで内藤湖南の名言を思い出すのである。名著『日本文化史研究』（大正十三年、小林秀雄の講義名と同じなのも面白い）の中の一篇「応仁の乱について」で、湖南は「だいたい今日の日本を知るために日本の歴史を研究するには、古代の歴史を研究する必要はほとんどありませぬ。応仁の乱以後の歴史を知っておったらそれでたくさんです。」という画期的な見解を述べている。その理由は、「元来日本の社会は、つい近ごろまで、地方に多数の貴族、すなわち大名があって、そのおのおのを中心として作られた集団から成り立っていたのであります。そこで今日多数の華族のうち、堂上華族すなわち公卿華族を除いたほかの大名華族の家というものは、大部分この応仁の乱以後に出てきたものであり」、「それと同時に、応仁の乱以前にありました家の多数は、みな応仁以後、元亀・天正の間の争乱のためことごとく滅亡しておると言ってもいい」からである。そして、次のようにも語っている。

私はまず応仁の乱というものについて、若い時分に本を読み、今でも記憶していることについて述べます。それはそのころ有名だった一条禅閣兼良（一四〇二〜八一）という人のことであります。この人は応仁の乱の時代の人でありまして、その位地は関白にまで上り、そうしてその学才は当時の人に抜き出ておりました。いや当時のみならずおそらく日本歴史の関白のうちでもっとも学才のあった一人であると思います。この人の書いたものに『日本紀纂疏』といって『日本紀』神代巻の注を漢文で書いた本があります。この人はまた私どものやるシナの学問についても非常に博学でありましたが、これによって、その当時まだ日本にもこういう人々の間には漢籍の材料がずいぶんあったということが分かるのであります。しかしそういうたくさんの材料も応仁の乱とともに亡びたと言っていいのであります。そこが日本の文明をまったく新しくしたゆえんであって、多数の材料がみななくなってしまったということはかえって結構であったかもしれませぬ。

この末尾の一文などに、内藤湖南という「学者」の「学者」を超えた、あるいは「文化主義者」であることを超えた、旧約期の明治の人たるところが出ているのである。そういえば、湖南は慶応二（一八六六）年の生まれであった。

「そういう材料も応仁の乱とともに亡びた」のであって、歴史家が応仁の乱以前の歴史を考えるときに必要なものは、まさに「歴史の活眼」ということになるであろう。尾佐竹の蔵書、史料が焼失したのは、いかにも残念なことだが、尾佐竹の著作の真価を支えているものは、史料の珍しさといったものではなくて、やはり尾佐竹の「歴史の活眼」なのである。史料に凭れかからずに歴史を振り返るとき、かつてイタリアの歴史哲学者、クローチェがいったように、「すべての歴史は現代史である。」ということになるであろう。「歴史の活眼」をもって歴史を見るとき、すべての歴史は現代史になるのである。尾佐竹の著作に描かれる明治は、実に活き活きとしている。現代史として迫ってくるのである。

この旧約期の明治をめぐっての文章も、決して「降る雪や明治は遠くなりにけり」の懐かしさから、書いているのではない。現代史としての旧約期の明治に肉薄しようと試みているのである。

第二節　大津事件

津田三蔵と内村鑑三

尾佐竹猛の『明治秘史 疑獄難獄』は、昭和四年に出版された。尾佐竹は、実に多くの本を出しているが、この著作は代表作といってもいいであろう。目次を見ると、「一、近藤勇の処刑（明治元年）」、「二、阪本龍馬暗殺の下手人（明治三年）」、「三、雲井龍雄の罪案（明治三年）」、「四、廣澤参議暗殺事件（明治四年）」、「五、小野組転籍事件（明治六年）」、「六、非常上告の始め　山科生幹一件（明治八年）」、「七、藤田組の贋札事件（明治十二年）」、「八、板垣伯岐阜遭難事件（明治十五年）」、「九、露国皇太子大津遭難　湖南事件（明治廿四年）」と並び、付録が二篇付いている。まさに、「旧約期の明治」の事件を扱っているのである。

その中でも、この大冊のほぼ半分を占めているのが、九章の湖南事件を扱ったものである。この章が、現在、岩波文庫に『大津事件――ロシア皇太子大津遭難』を改題されて入っている。今日では、「大津事件」という呼称が一般化しているからである。三谷太一郎校注で、校注者による解説もとても興味深いものとなっている。

大津事件とは、周知の通り、国会開設の翌年、明治二十四（一八九一）年五月十一日に滋賀県の大津で、来遊中のロシア皇太子が警備に当っていた滋賀県巡査、津田三蔵によって切りつけられ、負傷をしたという事件であり、当時日本の朝野に激震をもたらしたものである。

尾佐竹猛の『大津事件』は、「上篇　来遊記」、「中篇　事変記」、「下篇　裁判記」、「余篇」から成っており、解説に「本書は当該事件およびその司法的・政治的・外交的処理の過程についての最初の包括的な歴史叙述であり、その後もこれに代りうるものはない。」と書かれている通り、実に「歴史の活眼」に貫かれた見事な「歴史叙述」である。また、余篇として、「一　津田三蔵」、「二　向畑治三郎　北賀市市太郎」、「三　畠山勇子」の三篇を付けているところに、尾佐竹の「歴史の活眼」のユニークさが現れている。津田三蔵の記事は、山田風太郎の明治小説『ラスプーチンが来た』に利用され、ロシア皇太子一行の人力車夫であった、向畑治三郎と北賀市市太郎の人生の喜悲劇は、同じ山田の中編小説「明治かげろう俥」に使われている。

上篇の最後に「この日天晴れ、湖上の軽風は快く、平和に満ちたる湖畔の天地も数分時を出でずして驚天動地、俗にいう日本国中がひっくり返る騒ぎとなった。真にひっくり返るというよりもほかに形容の辞のない騒ぎが突発したのである。いでや篇を改めて叙述せん。」と書かれているが、中篇に挙げられている「騒ぎ」の事例を読むと、上篇の冒頭に引用されている徳富蘇峰の言「恐露病発作中の出来事なり、想起するだに不快の感に堪えず」に共感を覚えざるをえない。尾佐竹は、次のような「極端な例」も記録している。

ここに極端な例がある。それは山形県最上郡金山にては、十三日至急村会を召集し、村条例を決議して曰く、

条例第二号

第一条　本村住民は津田の姓を付するを得ず。

第二条　本村住民は三蔵の名を命名するを得ず。

今から見れば滑稽のようであるが、当時はあっぱれ愛国者ぶっての仕業であったとは、何

ともいえぬ情ない心地がする。しかし程度の差こそあれ、日本国民全体の考えがたいていこんなものであったのである。

この津田三蔵の名前ということでは、私に強い印象が残っていることがある。昔、『内村鑑三』を書いている頃、いろいろ読んだ内村に関する本の中に、政池仁の『内村鑑三伝』があった。内村鑑三の人生にとって極めて重要な契機となった、いわゆる第一高等中学校不敬事件の後の苦難を書いている「無教会となる」の節のところに、次のような記述がある。ちなみに、この事件が起きたのは、明治二十四年一月九日である。奇しくも大津事件と同じ年であった。失職し、妻を亡くした内村は、国民からは非国民、逆賊と罵られた。内村は札幌に行くことにする。母校の札幌農学校があり、友人たちがいるからである。

内村が札幌にむかって東京を出発したのは明治二十四年五月中旬かと思われる。当時、東北本線は上野・盛岡間しか通じていなかったので盛岡からは歩いて行った。神経衰弱が再発したので、東北の山々がゆらゆら動いているように見えた。ある宿屋に泊ろうとした時、内村鑑三という名では泊めてくれないことはわかっているので、「内村三蔵《ママ》」という偽名を使った。ところが、ちょうどその年の五月十一日ロシヤ皇太子を大津で射撃して傷を負わせた犯人に津田三蔵という者があったので、宿屋の主人は津田三蔵の偽名ではないかと疑って内村を追い出してしまった。

山形県では、前述のような条例が制定されたくらいであるから、東北の「宿屋」が内村三蔵を津田三蔵の偽名と疑うのもありえた話であろう。内村鑑三という今日では大きな名も、明治二十四年という「当時」においては、「宿屋」でも使えない名であったのである。これは、歴史を同時代性において把握するときには、重要な事実である。「当時」においては、津田三蔵も内村鑑三もその「不敬」においては何ら変わらない輩とみなされていたのである。

そういうことを考えると、山田風太郎の『ラスプーチンが来た』（原題は、『明治化物草紙』）の中で、内村鑑三と津田三蔵が重要な役割を担って登場しているのにも、山田の不思議な「歴史の活眼」を感じる。この明治小説の主人公、明石元二郎のことを、「明治の軍人中の化物」と書いた山田は、内村のことも「化物」と評しているのである。「浅草十二階」の章の冒頭は、次のようなものである。

内村鑑三の生涯で特筆すべき「勅語不敬事件」が勃発したのは、年を越えた明治二十四年一月九日のことである。

前年の十月三十日、いわゆる教育勅語が発布され、その一月九日、内村の奉職する第一高等中学（後の一高）でもその奉職式が行われた。

それが講堂でうやうやしく奉読されたあと、真正面に飾られた御真影と勅語の箱の前に、教授や学生が順次すすんで最敬礼する儀式が行われたのだが、内村の番が来たとき、彼は敬礼せず、ちょっと立ちどまっただけでそのままゆき過ぎてしまったから、大変な騒ぎになった。

彼は天皇を尊敬していた。教育勅語にも賛成であった。しかし、神として、あるいは儀式として、その天皇や勅語に礼拝することは、剛直無比のクリスチャンとしてとうていがまん出来なかった。

この時代にこの抵抗は、破天荒の自爆行為、といってもまだいい足りない事件であった。——内村鑑三もまた明治の化物の一人に相違なかった。

教授や学生は、いれ代りたち代り、彼の家におしかけて来て詰問した。おりあしく暮から風邪気味で、事件のあとから肺炎になり重態となった彼の枕もとに、往来から石が投げこまれた。

むろん新聞は逆賊として筆誅し、彼は職を奪われた。

内村鑑三を「明治の化物」と見抜く「歴史の活眼」が、旧約期の明治を理解するためには必須なのである。内村を、明治の「クリスチャン」の一人として、近代日本思想史の中に収めて安全なものにしてしまっているようでは、思想史研究とは一種の道楽に過ぎない。この「自爆」するような精神的エネルギーを持った「化物」からは、その爆発の影響をうけることを恐れない人でなければ、何も摑むことはできないのである。

今、引用したところの少し先に、津田三蔵が登場する。内村という「不忠不敬の国賊教師」を殺しに上京したのである。もちろん、その機が来ないで終わるが、「兇徒津田三蔵」の章で、「おそらく明治以来、日本がこれほど全国的な憂色に覆われたのはこの事件〔大津事件のこと――引用者注〕がはじめてではあるまいか。」と書かれている。確かに、内村鑑三の「不敬事件」と津田三蔵の「大津事件」を旧約期の明治を象徴する事件として、同じ精神史的意味でとらえることが、「歴史の活眼」なのである。

大津事件の孕んでいる精神史的意味

「大津事件」というものも、単なる傷害事件でもなければ、外交的事件でもない。深い精神史的意味を孕んでいるのである。

「大津事件」といえば、児島惟謙であり、司法権の独立ということになる。しかし、「大津事件」

が孕んでいた問題はもっと深いものがあったように思われる。三谷太一郎の「解説」を読んでいて、「現に幕末に宇和島藩を脱藩して尊攘運動にたずさわった天保（一八三七）生れの児島大審院長は高杉晋作よりも二歳年長であり、大津事件当時既に国家の「元勲」といわれていた前首相山県有朋よりも一歳年長、初代首相伊藤博文よりも四歳年長であった。また事件処理に当って、児島と直接に激しく対立した内務大臣西郷従道も六歳年少であり、司法大臣山田顕義は七歳年少であった。」という件《くだり》に出会って、ハッと思った。何故、こんな年齢調べのような文章に反応したかといえば、私は先入見として、児島惟謙はこれら明治の「元勲」たちよりも年下だと思い込んでいたからである。

尾佐竹は、「下篇　裁判記」の中に「当時は憲法あり、議会ありというも、実施後、僅かに一年にすぎない。由来法律思想に乏しき我が国民は、憲法法律の尊重には慣熟していない。それに当時の内閣は維新の元勲を網羅したとはいえ、維新とは当時の政治法律を無視して、否むしろこれを破壊しての大事業である。また天誅とか暗殺とかの流行した環境に成長した人々である。」と書いているが、この「天誅とか暗殺とかの流行した」時代を生きた「元勲」たちよりも、児島惟謙は若い世代に属していて、「憲法法律の尊重」を理解した人物だと私は何となくイメージしていたのである。しかし、逆であった。これは私には意外であり、この逆の事実に、この「大津事件」の持っている精神史的な意味が潜んでいるように推測されてきたのである。それは、「下篇裁判記」の中に引用されている、児島惟謙が松方首相、山田法相に提出した意見書に現われているように思われる。

およそ事軽微なるに似て、その実至大の因をなしまた救済すべからざるもの古今その例乏しからず。審《つまびら》かにその禍害の由る所を察するに、概《おおむ》ね事をその始めに誤り、敢えて剛明果断の計をなさず、妄りに苟且姑息《こうしょこそく》の術を執り、以て一時の偸安《とうあん》を希図するに出でざるはなし。その局に当る者、あに幾微《きび》の間において深く警戒を加えざるべけんや。今回津田三蔵の犯罪を断ずるに、我が刑法第百十六条〔天皇三后皇太子に対し危害を加えんとしたる者は死刑に処するというもの──引用者注〕以てせんとするが如きは、その事表面上甚しく重大の弊なきが如し。しかして、これを熟慮すれば、ほとんど国家百年の大計を誤るものと断ずるを憚らざるなり。（中略）

これに反しもし立法の精神に違背し曲げて法律を適用するときは、単に刑法第二条を犯すに止まらず、明らかに憲法第二十三条および第五十七条を破壊するものなり。すでに刑法を犯しまた憲法を破壊するに至らば法の法たるの信用、何処にか在る。果してかくの如くならば我が司法権の尊厳鞏固《きょうこ》は何を以てこれを維持するをうべき。これ寔に司法権の信用を失墜するものなり。

ここまでは、児島惟謙によって守られた司法権の独立という通説の話である。しかし、この後が、この意見書の核心なのである。「しかしてさらに焉《これ》より太甚《はなはだ》しきものあり。」と児島は続けるのである。

しかして焉より太甚しきものあり。抑《そもそ》も国の国たる所以のもの、その自主独立の大権あるに由るなり。今露国皇太子に危害を加えたりとて、直ちに我が陛下に対するものと同一の法案を以て制裁するとせば、ついに彼我軽重の区別なきなり。畏《かしこ》くも万世一系にして神聖なる元首たり主権者たる我が　天皇陛下を奉戴することなお英独澳伊の各国より朝鮮、布哇《ハワイ》の君主、儲嗣《ちょし》に対すると寸毫《すんごう》も異なるなきに至りては、我が刑法は明らかに主権なきを自認表白するものとならん。嗚呼、国にして主権なきこれを独立国と称すべきか。三千年来金甌《きんおう》無欠《むけつ》の国権もここに至りて覆墜せるものと云うべし。

この意見書について、三谷太一郎が「解説」で次のように書いているのは興味深い。

児島によれば、内閣の主張に従ってロシア皇太子の場合について皇室に対する罪を適用することは、何よりも「主権なきを自認表白するもの」であった。そしてさらに進んでそれは国体そのものを否認するものであり、もしそれが強行されれば、「三千年来金甌無欠の国権もここに至りて覆墜せるもの」といわなければならなかった。当面の問題に限っても、「司法権の独立」が侵されることは、その国際的信用を失墜させ、その結果最大の外交懸案である不平等条約改正に新たな障害が生ずるおそれがあった。「彼が国法の擁護を説き、司法権の尊厳維持を主張するのは、それが何よりも国家のために必要だと考へるからである。決して単に法のために法の擁護を説いてゐるのではない」（宮沢、前掲、六ページ、傍点原文）という宮沢俊義の指摘は正鵠を得ている（「前掲」の論文とは、昭和十九年に発表された「大津事件の法哲学的意味」のことである――引用者注）。

　児島や児島と立場を同じくした北畠治房大阪控訴院長は、かつての幕末尊攘派であった。斎藤手記には、そのような体験をもつ児島や北畠の面目が描写されている。児島意見書の中に、昇華された尊攘派ナショナリズムの表現を見出すことは必ずしも無理ではないであろう。

何か「昇華された」もの

「昇華されたナショナリズム」という言葉は、児島惟謙、あるいは「大津事件」を単なる「司法権の独立」の問題と捉える平板な通説を打ち破るものである。そういえば、ここで出て来る北畠治房といえば、天忠組の義挙に参加した人物ではないか。このような志士の生き残りが、この大津事件に登場してくるのも、旧約期の明治らしいことであろう。

保田與重郎の『評註　南山踏雲録』は、天忠組の義挙に参加した国学者の伴林光平の『南山踏雲録』に、保田が評註を付けたものだが、「平岡武夫」が最初に出て来るところの註に「平岡鳩平、法隆寺の人、後の男爵北畠治房、年少の同志で、門弟の関係だつた。この時平岡の手紙につけて吉村、松本、宍戸等連署の勧誘書及び八月の親征の大詔の写しを持参したともいふ。」とある。また、本文には「平岡鳩平、勇壮弁才、能く人を面折す。但し激烈にすぎて、人和を得ざる失なきにあらず。」とある。ここの「平岡鳩平」のところの註には「平岡武夫、脱出後長州軍に加り、御一新後北畠治房を名のり、男爵を賜る。大正十年薨、従二位。」とある。「面折す」の註には「面と向つて人を叱咤することが出来るやうな人物だつた。」と書かれていて、維新後、『神皇正統記』の北畠親房の末裔であるという系図をどこからか持ち出して、男爵になった人物の人柄が察せられる。伴林は「但し激烈すぎて、人和を得ざる失なきにあらず」と評している。このような「幕末尊攘派」と児島は「立場を同じく」していたのである。「大津事件」が、単純な「司法権の独立」の問題ではないことが推測されるであろう。

尾佐竹の「小野組移籍事件」に、その北畠が出て来る。この事件は、尾佐竹が冒頭に書いているところによれば、「明治初年に於ける小野組転籍事件は財界に於ては三井組と小野組の暗闘であり表面に現はれては司法と行政の衝突となり、遂に中央政界の大問題となり、波瀾重畳、幾変転の後、我国最初の陪審たる参座制を敷き漸く其局を結びし大事件である」。

この事件の京都裁判所長が、北畠治房であった。「是に於て司法省は新に少判事北畠治房を京都裁判所長に任じ赴任せしめた、北畠は前名平岡鳩平といひ大和天誅組の志士で、後年改進党創立の際は其創設者の一人となりて幹部であり、後再び任官して大阪控訴院長男爵となり、大正九年に物故した一人物である。」と書かれている。

この『大津事件』の「下篇　裁判記」を読んでいて、関係者の取り調べのところで、「京都地方裁判所予審判事岡田透は証人池田謙斎訊問」とあったので、アッと思った。この岡田透は、不敬事件の最中に二番目の妻を失った内村鑑三が、困窮の京都時代に結婚した三番目の夫人、岡田静の父なのである。当時、国賊、不敬漢と国民から罵られていた内村に娘を結婚させるに当って、岡田透予審判事は、「内村は敵が多いというから娘をやってもよかろう」と言ったという。「敵が多い」男にこそ、人物がいると知っていたのであろう。岡田は、当時有名な弓術家でもあった。内村と「大津事件」の不思議な縁もここにある。こういう岡田透のような男が、京都地方裁判所にいて、「大津事件」に関係していたことも、この事件の精神史的意味を高めることであろう。

三谷太一郎が「解説」で興味深いことを指摘している。この『大津事件』が著者の没後、昭和二十六年に、岩波新書の一冊として復刊されたことに触れて、次のように書いているのである。

敗戦後、とくに現行憲法成立後大津事件は護憲の立場を貫いた歴史的先例としてしばしばかえりみられ、また論ぜられた。一九五一年本書が異例にも岩波新書の一冊として復刊されたのも、一つはそのような理由からであろう。戦前の「護法の神」は、戦後は「護憲の神」に擬された感がないでもない。

「大津事件」あるいは、児島惟謙に対する「戦後民主主義」的な評価の仕方が、いかに浅薄なものかが分かる。極論すれば、津田三蔵は、「歪んだナショナリズム」に囚われていたのであり、児島惟謙は「昇華されたナショナリズム」に支えられていたのであって、決して対極に立っていたのではないのである。さらに敢えていえば、児島が津田三蔵に対して、刑法第百十六条の適用に由る死刑を避けようとした心の底には、同じ「尊攘派」の疼きがあったのかもしれない。「嗚呼」と意見書の中で、児島は慨嘆している。これは、「わが胸の底のここには」の思いであったのかもしれない。

児島が「司法権の独立」といったものに止まらない異様さを持った人物であることを、やはり山田風太郎は、鋭く見抜いている。『ラスプーチンが来た』の中で、児島のことも「化物」と呼んでいる。

客観的に見れば、日本はまさに累卵の危機にあったのだ。

明治には、後代の常識からすれば、政治家、軍人などに、暴勇、暴挙の評を与えて然るべき決断や行為が数々あった。にもかかわらず、その大半がふしぎに禍を呼ばず、かえって栄光をもたらした。国家が勃興する時は、そういうものである。

児島惟謙のこのムチャムチャな護法行為もその一例だ。彼もまた明治の化物列伝中の一人には相違ない。

山田風太郎は、内村鑑三も「化物」といった。明治の「化物」には、何か「昇華された」ものがあったのである。旧約期の明治に感じ取れるものとは、この「昇華された」ものの清冽さにほかならず、凡そ「微温《なまぬる》」き気風に流れている日本の思想風土のなかで、明治初年は稀な時代なのである。

第六章

吉野作造の「聖書の文体を通して観たる明治文化」

第一節　吉野の明治文化研究

基督者・吉野作造

『日本の名著』(中央公論社)の四八巻「吉野作造」は、責任編集が三谷太一郎だが、「民本主義論」「中国革命と朝鮮問題」「明治文化研究」の三部構成になっている。

最初の「民本主義論」は、「民衆的示威運動を論ず」「憲政の本義を説いてその有終の美を済すの途を論ず」「帷幄上奏論」「民本主義鼓吹時代の回顧」から成り、次の「中国革命と朝鮮問題」は、「『三十三年の夢』解題」「北京大学学生騒擾事件について」「朝鮮青年会問題」「対支問題」「民族と階級と戦争」を収めている。最後の「明治文化研究」の内容は、「明治文化の研究に志せし動機」「スタイン、グナイストと伊藤博文」「自由民権時代の主権論」「維新前後の国際協調主義者」「聖書の文体を通して観たる明治文化」「わが国近代史における政治意識の発生」の諸編である。

今日、吉野作造という思想家を振り返るとき、最後の「明治文化研究」が最もアクチュアルな問題を孕んでいると思われる。最初の「民本主義論」に収められた論文は、有名なあまりに有名な「憲政の本義を説いてその有終の美を済すの途を論ず」(大正五年)を初めとして、いわゆる大正デモクラシーを主導したものに違いないが、その大正デモクラシーは、今日の日本の状況を打破するためには、何ら有効なものではない。大正デモクラシーを評価し、回顧する「戦後民主主義」が、その虚妄性から終焉を迎えつつあるからである。

吉野自身が、昭和三年の「民本主義鼓吹時代の回顧」において、「大正五年代、私の所謂デモクラシー論の如きが一般世上の賑やかな話題となつたのは、一つには時勢の要求に応じたのと共に、一つには其頃まださう云ふ方面の研究が普及乃至流行して居なかつた為めではあるまいか。」と書いている。また、「若し私の論文に多少の取るべき所ありとせば、そは其の学的価値に存するに非ず、巧に時勢に乗つてその要求に応ぜんとした点にあるのだらう。」と回顧し、「其の学的価値に存するに非ず」のところの自注に「この点は寧ろ今日私の大いに慚愧する所である」とまで書いているのである。

現代の読者として一人を挙げるならば、例えば渡辺京二氏は『吉野作造選集』（岩波書店）の第一一巻の月報に「逢わざりし師に逢う」と題した端倪すべからざる批評を書いているが、その氏ですらこの「憲政の本義を説いてその有終の美を済すの途を論ず」については、「私もかって人並みに」読んだが、「正論ではあろうが、まどろっこしくてかなわなかった。」と書いている。「これは該論文をけなすのではない。「早とちり」と人から評される私の気質をいうのである。」と補足しているが、いうならば、この論文が今日の「戦後民主主義」的デモクラシーに泥んだ日本人にとっては、「まどろっこし」いものであり、それはもうアクチュアルではないからである。

「中国革命と朝鮮問題」に収められた諸論文は、今日また改めて読まれうるものになって来たのかも知れない。中国、韓国、北朝鮮の問題は、近来、急激に日本にとって大きな難題となって来たからである。中国や朝鮮の近代の歴史を正確に知るためにも、これら吉野の論文は、重要な文献たりうるであろう。

しかし、最後の「明治文化研究」こそ、大正から昭和初期にかけての吉野の「民本主義論」や「中国革命と朝鮮問題」に収められている諸論文よりも扱っている対象が、明治というもっと古い時代のものであるにもかかわらず、逆にアクチュアルである。それは、明治という時代が、今日の日本を考えるにあたって、実に重要な時代になってきたからである。だから、旧約期の明治を考察している本書にとっても、吉野の「明治文化研究」はとても興味深い材料を提供してくれるのである。

吉野作造が、明治文化の研究に熱心に取り組むようになるのは、大正十年夏からである。吉野自身が、古書店・一誠堂の『一誠堂古書目録』（大正十四年）に寄せた「本屋との親しみ」の中で、次のように回想している。

三十三年〔明治――引用者注〕の秋東京に来た。大学生時代もよく神田辺の古本屋をあさつたが、余りに店が多いので特別に親しみを覚えるまでに深入りしたものはなかつた。その後支那へ往つたり西洋へ往つたりして自然古本屋との縁が遠くなり、帰朝後も丸善の新刊物に応接するのに忙殺されて無沙汰して居つたが、大正十年の夏からまた不図《ふと》古い疾《やま》ひの古本道楽が燃え出した。尤も今度は明治の文化、殊にその政治的方面、就中それが西洋文化に影響された方面と研究の範囲を限定して掛つた。斯うした方面の資料を集めて置きたいといふことは小野塚法学博士のサゼッシヨンにも因る。どうしたはずみか十年の夏急に思ひ出した様にあさり始めたのであつた。それから遂に東京中の古本屋は固より、名古屋・京都・大阪の本屋とも親しくなつてしまつた。（傍点原文）

「どうしたはずみか十年の夏急に思ひ出した様に」とあるが、ここには何か自らの宿命にぶつかった人間の声が聞えるように感じられる。「民本主義鼓吹時代の回顧」で、「巧に時勢に乗つてその要求に応ぜんとした」と書いた吉野である。「大正デモクラシー」の根の浅さを痛感した吉野は、明治という時代に引き寄せられていったように思われる。大正デモクラシーの、いわばイデオローグであり、大正時代の寵児でもあった吉野は、実は大正に空虚さを感じたこともあったのかもしれない。

吉野が中心になって、明治文化研究会が設立されたのは、大正十三年である。「はずみ」を感じた大正十年から、三年後である。同人には、前章でとりあげた尾佐竹猛、『明治事物起源』の石井研堂、小野秀雄、宮武外骨、藤井甚太郎などが加わった。昭和八年に初代会長の吉野が死去した後、尾佐竹が二代目の会長となった。

吉野の明治文化の研究論文には、興味深いものが多いが、その中でも「聖書の文体を通して観たる明治文化」は、明治を振り返るにあたっての重要な視点を与えてくれる論文である。雑誌『明治文化研究』の昭和三年一月号に発表されたものである。吉野は、次のように書き出している。

この間久し振りで海老名弾正先生に遭つた。談たま〳〵明治初年先生が始めて耶蘇教に入られた頃の事に及んだが、私の最も著しく興味を覚へたのは、その頃先生達は好んで支那訳の聖書を手にし、斯う云ふ高遠の思想は漢文でなくては現はせるものでないと深く信じ切つて居たと云ふ話である。だから早くヘボン、ブラオン其他之を助けた奥野昌綱等の諸氏の骨折りに成つた和訳の聖書を見せられても、仮名文字では駄目と頭から馬鹿にして之に手をさへ触れなかつたと云ふ。然るに外国宣教師達は婦女童蒙にも楽に読める様なものにしなければならぬとて、無理にも仮名まじりの聖書を普及させやうと頑張る。海老名先生達は根強く之に反抗したが、やがて改訳された聖書を見ると、今度はだいぶ六かしい漢字が交つて居る、之なら我慢も出来るとて、始めて支那訳をすてて和訳聖書を手にされたのださうだ。教会の諸先輩の、皆々がさうであつたかどうかは分らぬが、之を海老名先生一人の経験としても頗る面白い話だと思ふ。

この「面白い話」も実に「明治初年」らしいことである。「旧約期の明治」の精神史に光をあてる「話」である。これを「頗る面白い」と感じるところに、吉野の批評的鋭さがある。この「海老名先生」については、「予の一生を支配する程の大いなる影響を与へし人・事件及び思想」(大正十二年)の中で、「僕の思索生活に最も大なる影響を与へた具体的の事実はないかと反省してみると、大学生時代に聴いた海老名弾正先生の説教が夫れであると思ふ。日曜毎の説教に依て僕は信仰上に得る所も少くなかつたが、先生が宗教上の神秘的な問題を、科学的に殊に歴史的に、快刀乱麻をたつの概を以て解いて行くのには教へらるゝ処非常に多かつた。斯うした先生の態度に依て僕の学問上の物事の考方が著しい影響を受けて居ることは、今以て先生に感謝して居る。」と書いている。

明治十一年に宮城県に生まれた吉野作造は、明治三十年、十九歳で首席で中学校を卒業、第二高等学校法科に無試験で入学したほどの秀才であった。このころ、ミス・ブゼルのバイブル・クラスに出席、また押川方義、海老名弾正らの説教を聞く。そして、翌明治三十一年、二十歳のとき、仙台浸礼教会牧師中島力三郎から、島地雷夢、内ヶ崎作三郎らとともに洗礼を受ける。翌年、阿部たまのと結婚する。『日本の名著』に付された年譜の、明治三十三年、二十二歳のところには、

「七月、第二高等学校を首席で卒業し、九月、東京帝国大学法科大学政治学科に入学する。長女信子誕生する。このころ本郷教会に参加し、雑誌『新人』の編集に協力し、牧師海老名弾正の説教を筆録し、掲載する。」とある。

この「秀才」の精神の奥に、どのような渇望があったのか、北村透谷的にいえば「各人心宮内の秘宮」の問題になるのであろうが、ここに明治三十八年、吉野二十七歳のときに『新人』に「翔天生」の筆名で書かれた文章がある。「走る者非歟」と題され、(一)と(二)に分かれている。

(一)

夏時、山に上りて渓間に清泉を望む、甲乃ち奮躍疾駆して渇を一掬の流に医しぬ。乙曰く、アヽかの清流の何ぞ美なると、独り天然の妙趣に恍惚として起たず。清泉の美妙は余りに近きては之を味ふに難からん。然れども近かざれば遂に我が渇を医すべからず。走る者非歟。留る者非歟。

煩悶に労れたる浮世の旅人が、最高の真善美――神――に対して、当に採るべきの態度は如何、暫く足を停めて、神の御姿を天の一方に望み、すゞろに其の高く、清く、大なるに酔ふは、恐らくは詩人のことなり。予輩は、我党の青年信徒中、真理の光明を望んで敢て疾走奮進之を獲得せんと試みざる者、又は他人の疾駆奮躍を見て之を喜ばざる者の、漸く多からんとするを憂ふ。

（二）

真理は近く在りて又遠く在り。近きが故に愈々遠く、遠きが故に益々近きは、我が基督教の真理に非ずや。近きを以て満足すべからず。遠きを以て失望すべからず。此れ吾人が内に本心をひらきて自ら省ると同時に、また神の遠き御光に向つて疾走奮進せざるべからざる所以。

能く走る者は、時として其の来し方を反省するの徳を欠く。されど能く留るは、決して其行く末の遼遠なるを思ふ所以に非ず。吾人は今なほ我が党年来の主張たる奮闘主義に渇仰し、寧ろ夫の軟弱なる消極的福音に与みせざる者なり。

吉野作造の五十五年という、余り長くない生涯は、ある意味でこの「疾走」の人生であったといえるであろう。この二十七歳のすでに「煩悶に労れたる浮世の旅人」は、「神の遠き御光に向つて疾走奮進」することを「渇仰」したのである。

吉野作造という、ほとんど条件反射的に「大正デモクラシー」という言葉が連想される人物が、海老名弾正門下の基督者であったことは、もっと注目されなければならない事実である。例えば、

「憲政の本義を説いてその有終の美を済すの途を論ず」は大正五年に『中央公論』に発表されたが、大正八年に『新人』に掲載された「デモクラシーと基督教」の中では、次のように書いている。

かくして吾々はデモクラシーと基督教との密接なる実質的関係を鑑み、益々デモクラチックならんとするの現時代に於て、益々基督教的精神の拡張に努力せねばならない。デモクラシーの発達は、又、元より基督教の発達を促すものであるには相違ないが。基督教精神を伴はざるデモクラシーの進歩は、云はゞ砂上に楼閣を画くものに外ならぬ。

このような吉野の見解を、神なきデモクラシーに他ならぬ「戦後民主主義」のイデオローグはどう受け止めるのであろうか。「大正デモクラシー」を「戦後民主主義」の淵源であるかのように評価する詐術は、吉野作造を「戦後民主主義」の色で染め上げてしまっているのである。吉野作造の本質は、自らいうように、海老名弾正門下の基督者であることの中にあるのであり、『中央公論』の吉野だけではなく、『新人』の吉野の方を注目しなければならない。これについては、吉野という才人は、一般向けの『中央公論』と教会信者向けの『新人』に執筆する内容を慎重に分けていた面があるように考えられるのだが。

師・海老名弾正、そして三大バンド

さて、海老名弾正といっても、今日、ほとんど知られていまい。明治・大正の基督者としては、内村鑑三や植村正久などは、まだ知られている方であろう。そもそも、明治の基督教の三大バンドといわれるものは、札幌バンド、横浜バンド、熊本バンドであった。札幌は、札幌農学校のクラーク先生の影響下に生まれたもので、内村鑑三、新渡戸稲造などが有名であり、横浜は、横浜にアメリカの宣教師ブラウン（吉野は「ブラォン」と書いている）が開いた塾で学んだ青年たちで、植村正久、本多庸一、井深梶之助、押川方義などが門下である。熊本は、熊本洋学校のアメリカ人教師で南北戦争の勇士でもあった予備砲兵大尉ジェーンズの影響の下に形成されたもので、明治九年一月末に熊本城外花岡山で、奉教の盟約を結んだことで知られる。海老名弾正、横井時雄、小崎弘道、徳富蘇峰などが出た。

海老名は、この後、蘇峰をはじめ熊本バンドの盟友たちとともに、京都の新島襄創立の同志社英学校に入学する。そして、新島の故郷、安中に創設された安中教会の牧師となる。横井時雄の妹のみや子と結婚。前橋教会を創設し、上州全域に伝道する。まさにキリスト教の明治初期の活動そのものである。そして、熊本、京都、神戸などを経て東京の本郷教会牧師になったのが、明治三十年である。四十二歳のときであった。二十二歳の吉野が、本郷教会に通いだしたのは、明治三十三年のことである。そして、大正九年、六十五歳のとき、同志社総長となるのである。昭和十二年、八十二歳で長逝した。内村や植村などとともに近代日本のキリスト教の歴史に大きな足跡を残した人物といっていい。
内村の没後、海老名が書いた「内村君と私との精神的関係」の中には、次のような回想が書かれている。

　いろいろ面白いことがある。嘗て留岡幸助君の家庭学校に集つて皆胸襟を開いて語り合つたことがある。植村君は其の時ゐなかった。内村君が私の方に向つて「お前ら（熊本の連中を意味する）の基督教はナショナリズム（国家主義）だ、植村（横浜の連中をいふ）のはエクレシアシズム（教会主義）だ、俺（札幌を意味する）などはスピリチュアリズム（精神主義若しくは信仰主義）だ」と斯う言うた。そこで私が「君、そんなことを言つちやいかんよ、それは自惚だ、植村も精神主義さ、我々も精神主義さ、精神主義を君一人モノポライズ（独占）するのは怪しからん、精神主義は皆コンモン（共通）である、君のはインディヴィヂュアリズム（個人主義）といふのだ」と言つたら、廻りのものはどつと笑つて「さうだ」と肯定した。内村君もこれには閉口したらしい。

札幌、横浜、熊本の三大バンドには、確かに内村がいったような特徴があるに相違ないが、その違いの底流に「コンモン」のものとして「精神主義」があったことも海老名のいう通り間違いないであろう。その「コンモン」のものとは、「武士的基督教」とも言い換えることができるであろう。海老名は、次のような回想も書いている。

大正十五年六月、内村君は京都同志社に態々私に会ひに来て呉れた。会うて直ぐ何を言ふかといふと、

「海老名君、君と俺が死んでしまったら武士的基督教は無くなるよ」

其の言葉は私は其の時初めてきいた様な訳である。私の基督教の中に如何に武士的精神が生かされてゐるか、内村君はよくそれを知つてゐて呉れた。

植村正久は、既に前年の大正十四年に死去していたが、植村も同じく「武士的基督教」の人といえる。内村の「君と俺が死んでしまったら」というのは、そういうことを頭に置いているのであろう。

明治初年にこれらの武士の子弟が、基督者になったことは、旧約期の明治における日本人の精神的事件の最大のものの一つであり、彼らは「武士的基督教」を形作ったのである。内村は、最晩年の「武士道と基督教」(昭和四年)の中で「日本に於けるすべての善き事は此武士の道に由つ

て成つたのである。慶応明治の維新も、其の前の凡ての改革も此精神の結果である。そして近頃に成つて明白になつた事は、我国に於て思ひしよりも早くキリストの福音が根を据へし理由は、武士が伝道の任に当つたからである。所謂熊本バンド、横浜バンド、札幌バンド、之に加はりし者の多数は武士の子弟であつた。彼等は孰れも武士の魂をキリストに献げて日本の教化を誓つたのである。そこに朝日に匂ふ山桜の香があつた。」と書いている。もちろん、本居宣長の「敷島の大和心を人問はば朝日に匂ふ山桜花」を踏まえている。だから、明治の基督教というものは、「敷島の大和心」と繋がっているのであった。

この明治初年に起きた事件は、精神のるつぼのような混沌の中で生じたものであり、精神的動力としての力は大きかった。この動力の中から、明治・大正の日本の近代を形成した諸人材は、それぞれの弟子となって成長したといってもいい。しかし、普通の文化史研究では、宗教、思想、文学、芸術、学問という風に専門化した分野でとらえてしまうので、明治初年の原初の精神的エネルギーを考察から外してしまうのである。

例えば、文学史でいえば、志賀直哉、有島武郎、正宗白鳥をはじめ、実に多くの文学者が内村の深甚な影響下にあったのだが、文学史の本では、「青年時、内村鑑三の影響を受けて云々」という一言で片づけられてしまうのである。

政治学者・吉野の場合も、似たようなことが起きているのである。吉野作造は、今日もかなりとりあげられることが多いであろう（しかし、そこには、「戦後民主主義」という今日的価値観の擁護という底意があるようであるが）。しかし、吉野自身が、「僕の思索生活に最も大いなる影響を与へた具体的の事実はないかと反省してみると、大学生時代に聴いた海老名弾正先生の説教が夫れであると思ふ。」と書いた海老名弾正のことは、ほとんど関心が払われることはない。

しかし、吉野作造という「大正デモクラシーの徒」も、何か本質的なものを持っているとしたら、それは、海老名弾正という旧約期の明治に精神の源泉を持っているからである。恐らく、明治・大正の人物で、本格的な精神の構えを持っているのは、その精神の源流に、内村とか海老名とかの旧約期の明治を体現した「先生」から影響を受けたものなのである。近代日本の文化史の下流で実を結んだよきものは、その源流として旧約期の明治を「渇仰」した精神に他ならないのである。そして、それらには、「朝日に匂ふ山桜の香」が移り香として、残っていたのである。

第二節　エンジェル・原胤昭

吉野と原胤昭

「聖書の文体を通して観たる明治文化」の二節には、次のようなことが書かれている。

その後間もなく原胤昭先生の御宅で、明治初期基督教関係の文献の展覧会があった。此処で幾多の珍品に接し、多年の疑問を釈くと共に新たに知見をひろめたことも沢山あるが、聖書翻訳事業の成績を系統的に研究するの便を得たことは私の非常な喜びであった。

この吉野の文章を読んでいて、原胤昭の名前が出てきたときには、ちょっと驚いた。原胤昭といえば、本書第一章で山田風太郎の「明治小説」をとりあげたが、その大作『地の果ての獄』の重要人物として登場するのが原胤昭であり、最後の明治小説『明治十手架』の主人公が、また他ならぬこの原胤昭なのである。山田の小説で、波乱万丈の活躍をする、幕末の与力であり、明治維新後は日本最初のキリスト教教誨師になる、この原胤昭という人物が、当代きっての政治学者・吉野作造の文章の中に出て来るのが、少し意外であったからである。それも「原胤昭先生の御宅」で開かれた展覧会に吉野は出かけているのである。吉野という人物が、原胤昭という基督者と近い文化圏の中にいたことが分かってくるのである。確かに、吉野作造は、単なる東京帝国大学教授でもなければ（吉野が東京帝国大学教授を辞職したのは、四十六歳のときである）、朝日新聞の社員でもなかった（社員だったのは、わずか三カ月に過ぎない）。この「大正デモクラシー」のレッテルを貼られている人は、よく見ると不思議な人物である。それは、例えば世間的にみれば、およそ対極的な人間のように思われる宮崎滔天の『三十三年の夢』を復刻したばかりではなく、その解題の中で、滔天について「純真を極むる」人といい、「崇敬の情に堪へざらしむ」とまで絶賛しているところにもうかがわれるのである。

原胤昭については、『更生保護の父　原胤昭』（若木雅夫著）という伝記が、昭和二十六年に刊行されている。扉に「一粒の麦地に落ちて死なずば唯一つにてあらん　もし死なば多くの果を結ぶべし」というヨハネ伝第一二章二四節の聖句が掲げられている。ドストエフスキーの『カラマーゾフの兄弟』と同じである。そして、口絵の写真が、多くを語りかけてくる。説明文には「出獄者（独立自営の者及び収容中の者を含めて）懇親会の写真」とある。その下の注には、「毎年数回開いていたもので出獄者はこの日を楽しみにしていた　左から四人目が原胤昭翁（明治三十四年頃四十九歳）一人おいて子供を抱いているのがみき子夫人　左に見える二階屋は東京出獄人保護所（元の伊藤玄朴の屋敷）」とある。十人くらい並んだ一列目に原胤昭が座っている。その上方に六列の男女が立っている。二階屋の廊下にも数人が顔をのぞかしている。全部で、百人弱の老若男女の「出獄者」たちの群像である。この写真を見るだけでも、原胤昭という人物が、只者ではないことがよく分る。

この本には、興味深い序文が付いている。一つは、「法学博士　穂積重遠」によるものである。「エンジェル原胤昭」という題が、まず異例である。いうまでもなく穂積重遠は、東京帝国大学教授・法学部長であり、最高裁判所判事、東宮大夫兼東宮侍従長であった。この本が出た昭和二十六年

『更生保護の父　原胤昭』口絵

に死去しているから、この文章は最後のものの一つかもしれない。穂積は、次のように書いている。

「前科者」とよび、「出獄者」とよぶ。おそれ、さげすみ、あなどり、世の白い眼がたえずつきまとい、更生の途をかたくとざしてしまう。善をなさんがためにすら、名をかくし、世をいつわらねばならなかったジャン・ヴァルジャンの悲しみは、今に彼らの上にある。なんとかせねばならぬ。と誰しもがいう。しかし自分の門口に訪れた「前科者」に、あたゝかい情をそゝぎうる人が何人あろうか。そしてその保護をする少数の人々すらも、これと接する時、異常な緊張をおぼえ、これを見送る時、異常な善行を感ぜざるをえないであろう。この程度の愛情すら、我々の水準を以てすれば「異常なこと」といわねばならぬのである。

しかしながら、こゝに一人、原胤昭という人物がある。毎年十一月三日には、大勢の「前科者」が家族づれで彼の家に集ってきて、妻君の手打そばで楽しく遊んで行く。そこには「緊張」もなければ「異常な善行」もない。これこそ我々の水準を以てすれば「異常なこと」といわねばならぬのである。彼は私の父と非常に親しく、すでに五十何年の昔になるが、中学生時代から私は例のおそばの会に度々出掛けたものだった。そこには「出獄者保護所」などという看板は一つもなく、彼の名札が一つかゝっているだけだったのを思い出す。父は彼を

「エンジェル」とよんでいた。多年の友人である父にとっても、彼は「異常な人」であったのである。

父とは、これも有名な穂積陳重である。同じく東京帝国大学教授・法学部長。男爵、枢密院議長であった。このような位人臣を極めたような人物が、原のことを「エンジェル」と呼んでいたということは、穂積という人間の人品を現わしているように思われる。「非常に親し」かったのである。また、子息の重遠を「前科者」の懇親会に連れていくということは、この明治の頃の日本社会には、レッテルにとらわれない、社交圏ともいうべきものが存在していたのであろう。これが、社会の深さである。豊かな社会と貧しい社会があるのではない。深い社会と浅い社会があるのである。

もう一つの序文は、「元文部大臣　前田多門」のものである。前田多門といえば、内村鑑三の弟子であり、後藤新平との縁も深い人物である。息子は、パスカルの研究者で東京大学教授の前田陽一であり、陽一の妹は、精神科医の神谷美恵子である。前田は、「忘れ得ぬ愛の人」と題して、次のように書いている。

原胤昭先生の事を知ったのは、私が青年時代からであった。幕府の与力の家に生れなさった生粋の江戸っ児でありながら、熱心なクリスチャンであり、新聞記者、商売、さまざまの経歴を重ねた末、已まれぬ義心によって、出獄人保護の事業に挺身され、監獄改良、出獄人保護の鼻祖であり、常に第一人者であられた翁の高風は、私が青年時代から欣仰するものであり、僅少の先達者の一人としても尊敬措く能わざるものがある。

その後学校を卒業して内務省に勤務し、職務の傍ら、社会事業に興味を持つようになってから、私は初めて個人的接触を翁と結ぶようになったが、一見瘦型の小さなおぢいさんで、態度は極めて謙遜、翁の人となりについて予備知識を持たなかったら、通常の市井の老人と撰ぶ所はないのであって、所謂名士振った容態は少しもない方であった。また御付き合いをしている間に、御自分の手柄話のようなことなどは一切言われなかった。従って、今度、出るこの本によって、初めてこんな事もあったのかと驚嘆する位のものである。

このような原胤昭の人柄が彷彿とするような追想文を読んでいると、さっき『カラマーゾフの兄弟』に触れたせいか、ふとアリョーシャのことが連想された。近代日本においては、原胤昭という「生粋の江戸っ児」であり、「異常な人」であった人物に、アリョーシャは出現したのではないか。穂積陳重は、その機微を感じ取ったのではないか。それで、「エンジェル」と呼んだのではないか。山田風太郎が、原のことを「快男児」と呼んだのも、この機微に通じるかもしれない。

エンジェル・吉野作造

この原に対して与えられた「エンジェル」という呼称に、吉野作造について書いているこの章で私が拘っているのは、実は最初の方で触れた渡辺京二氏の『吉野作造選集』の月報に寄せたエッセイに関係している。そこで、私は、渡辺氏のそれを「端倪すべからざる」ものといったが、その「端倪すべからざる」ものである所以については語らなかった。今、ここでそれを書くならば、渡辺氏は吉野作造のことを「エンジェル」と呼んでいるのである。

思想の立脚地とはつまりイデオロギーであろう。先生はイデオロギーをともにしても阿呆は阿呆であり、それを異にしても偉才は偉才だということをご存知だったのだ。学者は往々にして公正を装いつつ、党与偏頗の言をなしてみずからを省みない。むろんそんな学者は学者の名に値いせぬといいえばそれまでだが、先生のえらいのは、真の意味で公正な判断ができたところである。たといわが敵であろうと、敵の見識才能は認めねばならぬ。だから謙信は敵に塩を贈った。先生は敵に塩を贈ることのできる学者であった。

これはひとつは江戸・明治前期の人としての教養・わきまえのなせる業だったのかもしれ

ない。むかしの学者は、よほど変な自己狂でないかぎり、そのくらいの度量はもつか、もしくはもつふりをしたのである。しかし先生には、それ以上の、余人と異なるところがあったと思う。というのは「純真」というのは実は先生のためにとっておかねばならぬ言葉であったからだ。この人は他人にさいわいをもたらすべく生れたエンジェルだったのである。おのれの才を誇る以前に、ひとの才を当人以上に理解し、賞翫できた。生れついてのアプリシェイターだったのだ。

吉野作造という「大正デモクラシー」のイデオローグと、通説ではいわれている人物について、「エンジェル」という言葉が出てくるところが、まず凡ではない。

先生はちっぽけなトレードマークで売文をする人ではなかった。事情は存ぜぬことなれど、先生は売文をされた。この点については往々反省めいた言を洩らされているが、先生はけっしてそのことにおいて恥じてはおられなかったと思う。なぜなら先生の売文は、自己を売りひろめるためのものではなく、真によきものとおのれが信じたものを世に知らしめるためのものであったからだ。だから私はこの人を、ひとのために生れたエンジェルだというのである。

そして、原胤昭についても同じようなことがいえるのではないか、と思わせることも書いている。

ただこのエンジェルは、なかなか喰えぬところがあって、この世の辛酸も、人の信じがたきこともよくご承知だった。理想は現実とのかねあいにおいてしか行われぬこともご存知だった。つまり俗な意味でなく、ほんとうの意味の大人で、このエンジェリックな永遠の少年はあったのである。

「エンジェリックな永遠の少年」という言葉を読むと、原胤昭について、「アリョーシャ」を連想したのもやはり、少しもおかしくないのだと思われてくる。旧約期の明治には、原胤昭のような「異常な人」、しかし、それはネガティヴな意味の「異常」ではなく、「エンジェル」と呼ばれるような意味であったが、そのような人物が出現したのである。また、明治初年の基督教の代表的人物の一人、海老名弾正の門下から、吉野作造という、もう一人の「エンジェル」も出たのである。そして、原胤昭を「エンジェル」と呼んで讃嘆した、穂積陳重のような人間も、その周辺にはいた。前田多門もいた。このような、「異常な人間」を生み、またそのような人物を世間的な名士である自分よりも高く尊敬する、一種の高級な精神的気圏が、昭和の前半までは、しっかりと残っていたのである。

第三節　明治初年という「怪奇」な時代

明治元訳と改訳聖書

海老名弾正、原胤昭などのことに紙数を費やしてきたが、吉野の論文「聖書の文体から観たる明治文化」を忘れていた訳ではない。ここに出てくる海老名弾正とか原胤昭などの、まさに旧約期の明治を象徴するような人物の存在がなかなか大きくて、この吉野の論文の内容にまで、なかなか辿りつかなかったのである。

この論文で、吉野は、明治初期からの聖書翻訳事業の歴史をとりあげている。明治初期の平仮名の多い翻訳と明治元訳といわれるものと大正六年の改訳聖書の三つを比較考察して、それぞれ第一期、第二期、第三期と区分している。吉野は、この三つの翻訳聖書の変遷について、次のように書いているが、冒頭に出てくる「折角の聖書訳本」とは、第一期のものを指している。

所が斯くして出来た折角の聖書訳本も、平仮名が多いので当時の青年は読んで呉れぬ。宣教師の主として目指すものは一般大衆だが、之等の人達が聖書に手を触れる様になるのは何時の事やら分らず、目前に聖書を需《もと》むるものは士族の青年である。而して広く一般大衆の間に聖書を普及さそうにも、実は先づ手始めに之等の士族の青年に聖書を読んで貰はねばならぬのである。之を意識してかせずしてか、新たに各派代表の委員に託せられた聖書翻訳事業に於ては、雅俗折衷の訳文に一々六《むつ》かしい漢語を挿入することにした。併し之は当時の読書生の要求に迎合する為の一時的方便に過ぎぬので、結局一般大衆を着眼するの根本主義は宣教師たちの熱心な主張に依りて其儘《そのまま》継承され、六かしい当字は入れるが、振仮名の方が本文だと云ふことに原則を決めた。而して海老名先生達が之なら分ると辛《やっ》と愁眉を開いて手に取つた聖書は之であり、大正六年二月新約全書改訳の完成を見るまで永く我々の愛読した聖書も之なのである。

成る程今から見るとこの聖書には変な文字が沢山ある。振仮名がなくてはとても満足に読めるものではない。併しあの頃の読書人には之でなくては理解が出来なかったと云ふ。否、之でなくては手をさへ触れて呉れなかったのだ。聖書があゝした変な文体を採つたに就ては実は右の如き理由があつたのだ。斯う述べて来ると、それが今日となつては最早通用せなくなり、即ち再び改訳せらるるを要する所以も分るであらう。

聖書改訳の必要は実は早くから叫ばれて居つた。之を必要とする理由が文体の怪奇と云ふ点ばかりでないことは勿論だが、それが最も重な理由の一つであることに疑ひはない。いよく〳〵改訳事業の具体的に始められたのは明治四十三年で、そして大正六年に至り先づ新約全書の完成を見たことは前述の通りである。之に由て之を観れば、斯くあらねばならぬ必要に迫られて明治の初年に生まれた聖書も、結局三十有余年の寿命を保つて、遂には次代の新生命に代られねばならなかつたわけである。

こういう文章を読むと、やはり吉野作造は、「大正」という時代の典型的な「時代の子」であったことが改めて感じられる。明治元訳と大正の改訳聖書を、明治の政治体制と大正デモクラシーの関係と同じように見なしている。明治の体制は、「遂には次代の新生命」である「大正デモクラシー」に「代られねばならな」いのであると吉野はいいたいのである。

吉野は「次に参考のために第一期の俗文体の聖書と第二期の漢字挿入のと、而して現代の改訳聖書とを対照して示さう。」といって、聖書の「マタイ伝」第二七章の二七から三一節と「マルコ伝」第三章の一から六節の二カ所をとりあげているが、実に興味深いので、後者を引用してみよう。

第一期

耶蘇また会堂にいるに、片手なへたる人あり。或《あるひと》耶蘇を訴んためにこの人を安息日に痊《なほ》すやとうかゞへり。耶蘇手なへたる人にいひけるは、起てすゝめよ。また人々にいひけるは、安息日に善をなすや悪をなすや、また生るをたすくるやころすや、いづれをなすべきや。かれら黙然たり。耶蘇そのこゝろの頑固なるを愍《あはれ》み、怒をふくんでかれらを見まはし、その人に汝の手を伸ばせといひければ、彼その手をのばしたるに、すなはち他の手のごとくになほれり。たゞちにパリサイの人とヘロデのともがら、いでゝいかにしてか耶蘇をころすべきやとあひはかれり。

第二期

イエスまた会堂に入しに、一手枯《かたてなへ》たる人ありけるが、衆人イエスを訴んとして彼は此人を安息日に医すや否と窺へり。イエス手枯たる人に曰けるは、中に立よ。また衆人に曰けるは、安息日には善を行と悪を行と生るを救ると殺すと孰をか為すべき。彼等黙然たり。イエス怒を含て環視し、彼等が心の頑硬なるを憂ひ、手枯たる人に爾《なんぢ》の手を伸よと曰ければ、彼その手を伸ばしゝに、即ち他の手のごとく癒たり。パリサイの人いでゝ如何にしてかイエスを殺さんと、直にヘロデの党に相謀りぬ。

現代改訳聖書

また会堂に入り給ひしに、片手なえたる人あり。人々イエスを訴へんと思ひて安息日にかの人を医すやいなやを窺ふ。イエス手なえたる人に「中に立て」といひ、また人々に言ひたまふ、「安息日に善をなすと悪をなすと生命を救ふと殺すと孰がよき」。彼等黙然たり。イエスその心の頑固なるを憂ひて、怒り見回して手なえたる人に「手を伸べよ」と言ひ給ふ。かれ手を伸べたれば癒ゆ。パリサイ人いでゝ直にヘロデ党の人とともに、如何にしてかイエスを亡さんと議る。

吉野は、先に引用した部分で「文体の怪奇」という表現を使っていた。この「怪奇」という感じ方は、大正の吉野が、明治初年に対して持った感覚として特徴的であるが、この「聖書の文体を通して観たる明治文化」の最後の章で、次のように書いている。

私がこの小篇の表題を「聖書の文体を通して観たる明治文化」と掲げたのは、実は所謂明治文化は改訳前の即ち第二期の聖書の文体の様なものだと云ふ感想を読者に伝へたいからに外ならぬ。（中略）一言にしていへば、明治文化は或る意味に於て怪奇を極めた文化である。その歴史的伝統をたづねずしては到底正体の捉めるものではない。而してその中に泳いだ人に取ては、また之程自然な居心地のいゝ文化はないのである。是れ彼等がその棄てらるべき当然の運命の到来に直面しても、いさぎよく之れに別れを告げ兼ねて何とかしてその頽勢を盛りかえさんと煩悶する所以であらう。

後半の部分は、例によって大正の人、吉野の明治に対する批判であるが、ここで吉野が恐らくネガティヴな意味で使っている「怪奇を極めた文化」という表現を、私はポジティヴな意味でとらえたいのである。明治初年とは、「怪奇を極めた」時代である。だから、山田風太郎の小説に書かれうるのである。原胤昭という「エンジェル」も生まれるのである。海老名弾正らの熊本バンドが、同じ熊本の地で神風連の乱とほぼ時を同じくして誕生するのである。

「イエス」と「耶蘇」

吉野が、「文体」が「怪奇」だという明治元訳の聖書についてだが、それをめぐっての内村鑑三の言葉が残っている。岩波文庫の『福音書』の翻訳者は、塚本虎二である。塚本は内村の弟子で、最晩年に「分離」された人物である。その文庫の「あとがき——翻訳の決心」の中で、塚本は次のようなことを書いている。

昭和元年に内村鑑三先生から、現行訳（大正六年の文語訳）は文章が優美すぎて弱いから、元訳（明治二十年訳）を台本にして、二年ぐらいで訳してみよとの話があった。そこでマタイ一章を訳して持ってゆくと、「これは大事業だ。生憎新雑誌を始めたばかりで……」ということで、お流になった。ただし先生は古典的渋みを持った文語体を理想とされ、私は聖書の言語コイネ・ギリシヤ語にならって口語訳でなければならぬと考えていたので、意見が合わなかった。

内村は、口語訳ではない大正訳でさえ、「文章が優美すぎて弱い」と批評している。これは、ある意味で大正時代とその文化についてもいえるように思われる。大正文化とは「優美すぎて弱い」ともいえるであろう。吉野の大正デモクラシーも「弱い」ものであった。昭和に入ってからの、マルクス主義とその反動としての日本主義に挟み撃ちになって、消え去ったのである。

内村は「明治元訳（明治二十年訳）を台本にして」と注文している。吉野のいう「怪奇を極めた文体」の聖書を「台本」にして、「優美で弱い」の逆、いわばごつごつして強い文体を求めたのである。それはまた「古典的渋みを持った文語体」でなければならなかったのである。それは、海老名弾正も同じであったであろう。「武士的基督教」の基調であったからである。

先に引用した三期の聖書では、明治元訳は、明治二十年のものであった。旧約期の明治としては、むしろ明治五、六年に訳された第一期のものをとりあげるべきかもしれない。「耶蘇」は、蔑称としても使われたが、「イエス」を「耶蘇」と呼ぶこと、「キリスト教」を「耶蘇教」と称することと、これが今日の世俗化したキリスト教の再生には必要であろうし、旧約期の明治とは、この「イエス」を「耶蘇」と呼んでいた感覚が残っていた時代なのである。この「耶蘇」と呼ばれるようなものであるとき、原胤昭に見られるような精神的事件を起こしえたのである。

吉野らしい正確な感覚がとらえたように、明治初年とは「怪奇」な時代である。しかし、この「怪奇」さの奥に、「優美で弱い」文化ではなく、ざらざらした、そして強靭な文化が形成されていく種が潜んでいるように思われる。文化主義者は大正を回顧したがるものだが、今日の変革期には旧約期の明治の精神の再興が必要とされる所以である。

第七章　福本日南の『清教徒神風連』

第一節　精神史的事件としての神風連

橋川文三の「ふる本発掘」

福本日南の『清教徒神風連』(大正五年九月刊)という実に興味深い本を知ったのは、橋川文三の文章によってであった。『橋川文三著作集』全一〇巻を通読したのは、昨年のことだが、その第三巻には、明治という時代と精神に関するものが収録されている。

その巻には、「乃木伝説の思想」という、橋川文三の思想史を題材にした作品の中でも出色のものが入っている。今、「思想史を題材にした作品」という言い方をしたが、橋川の文章は、思想史の論文というよりも、「作品」の高みに達したものといえるからである。思想史についての文章が詩になるという稀なことが、橋川の文章の中には起きているのである。

その思想史が詩になる契機は、やはり着眼の新鮮さと対象に対する深い共感であるが、第三巻に収められた「福本日南著『清教徒神風連』について」と題した短い文章は、その典型的なものの一つといえるであろう。しかし、思想史もついに詩に達しなければ、そもそも思想史ではないのではないか。思想史が、文献の解読や事実の探索に終っているならば、それは結局、調査報告書に留まるであろう。

こういう稀覯本をとりあげるところが、橋川文三の端倪すべからざる点であるが、これは、『日本読書新聞』(昭和三十四年五月二十五日付)の「ふる本発掘」欄に発表されたものである。「悲痛な行動に同情」の見出しで掲載されたが、次のように書き出されている。

「神風連」の名はいわば旧弊の代名詞、反動的神がかりの象徴として一般に記憶されている。日本近代史の記述において、佐賀、秋月、西南の諸乱とならんで、神風連の一挙は必ず言及されるけれども、それはまた必ずといっていいほどおどろくべき時代錯誤の典型としてである。

この乱を直接に扱ったものではないが、木下順二の『風浪』や石光真清の『城下の人』に神風連の面影が写されていることは周知のとおりである。われわれは、それらの作品によって、一般の歴史書からはうかがえない鮮やかな人間像として神風連を感じとることができる。しかし、神風連に関する研究書は現在ほとんど見ることができない。石原醜男『神風連血涙史』、荒木精之編『神風連烈士遺文集』のほか、ここに紹介する日南の著作以外に私は知るところがない。

(傍点原文)

これが書かれたのは、昭和三十四年である。今日の我々は、三島由紀夫の『豊饒の海』の第二巻「奔馬」に「神風連」がとりあげられているのを知っている。その中に収録されている「神風連史話」は、神風連の乱の歴史が、パセティックに描き出されている。「見えざる清らかなもの、泉のやうにすがすがしいものが、漲つてくる気配」という一節があるが、まさに「清らかなもの」への渇望と讃仰に貫かれている。また、昭和五十二年には渡辺京二氏の『神風連とその時代』が出たが、この本によって、神風連の思想史的意味合いを深く理解できるようになった。

福本日南は、安政四（一八五七）年に、筑前国福岡知行下町に、黒田藩士泰風の長男として生まれ、大正十（一九二一）年六十四歳で死去した。日南といえば、日南が社長をしていた『九州日報』に明治四十一（一九〇八）年八月十一日から翌四十二（一九〇九）年九月七日まで、二九五回にわたって連載され、同年十二月に啓成社から上梓された『元禄快挙録』が有名である。

日南の著作は、筑摩書房の『明治文学全集』の第三七巻『政教社文学集』と第九〇巻『明治歴史文学集（二）』によって、今日読むことができるが、前者には「政教社」グループの論客としての論文が、「膨脹的日本」「時局縦論」などをはじめ二十篇ほど収められている。徳富蘇峰は、『蘇峰自伝』の中で日南について「固より日本新聞社には、福本日南の如き、如何なる問題であらうが、如何なる文体であらうが、向ふ所敵無き健筆家がある」と評している。後者には、竹越三叉、徳富蘇峰、山路愛山などと同じ在野の史論家としての仕事として『元禄快挙録』が入っている。

ということで、大正五年、五十九歳のときに刊行された『清教徒神風連』は、どちらにも収録されていないので、今日読むのは難しく、まさに「ふる本」になってしまっているが、この「ふる本」をとりあげた橋川文三の批評精神の鋭さに改めて感心する他ない。

神風連＝清教徒

そして、ここで日南が示した着眼は、この明治九年、まさに旧約期の明治に起きた神風連の乱を「おどろくべき時代錯誤の典型」として退けてしまうようなものではない。かえって、今日の日本の精神状況を鋭く撃つ力を持ったものとして歴史の中から掬い出す契機を与えてくれるように思われる。この本の眼目は、「神風連」を「清教徒」といっていることにあるのだが、まず、日南が明治という時代をどのようにとらえていたか。「日南学人」と署名された「自叙」を引用しよう。

> 吾人の経過し来りたる明治の四十五年間は、建設と破壊とを同時に随伴し、悠久なる我大日本帝国の史上に一新紀元を画したる驚心・駭目《がいもく》の世代なり。
> 有形上より之を謂へば、欧州最新の文明を導入し、国勢進展の基礎を建設したるも、此世代に在り。
> 更に無形上より之を謂へば、我国古来の風教を放擲《ほうてき》し、国民道徳を破壊したるも、亦此世

代に在り。

是故に、明治の大正に改まるや、ロンドン・タイムスは評して曰く、
過去の半世紀に亘れる日本は、欧州より導入したる新しき文明の政治即ち明治之を蔽ひたり。世代の明治と称せられたるは、蓋し此に在りたるが如し。是に由りて、日本は更始一新して、世界の列強に班するに至れり。其業亦偉なりと謂ふ可し。

然れども之を致さんが為に払ひたる代償も亦甚だ大なり。其建国以来涵養蓄積したる国民道徳の根柢を破壊して、敢て自ら愛惜せず。為に人心の帰向を失ひ、近くは一小変故も往々にして全国の動揺を誘起せんとするの情勢を掩はず。日本将来の危殆は、恐らく繫がりて此に在らん。

今や幸にして覚醒は斯国民の心頭に復活し、将に正義を太宗とする即ち大正一新世代を再造せんとするもの丶如し。是れ其世代に大正の号を選択したる所以ならん。但だ再造の困難は破壊に十倍す可し。之を大成し得て、而る後ち日本の国基は始めて万古に鞏固ならん。

と。一面透徹の観察なりと謂ひつ可し。

其れ然り。従ひて人心の帰向を定め、大正の大業を翼成せんと欲する者は、破壊の跡に察せざる可からず。明治九年熊本に於て発生したる清教徒神風連が神愁・鬼哭の挙は、慥《たし》かに此動機に触れたるものなり。我居常之を憶ふ毎に、未だ嘗て彼清教徒の忠・愛の精誠に泣か

ずばあらず。乃ち茲に当時の文献に徴し、旁ら一党の遺老及後裔に質し、参勘・推考して、此書を作る。此書若し幸にして国人本源の衷誠を誘ふの一端たるを得ば、我作亦徒爾と為さじ。（傍丸傍点原文）

日南自身の「精誠」を強く感じさせる文章であるが、『元禄快挙録』の冒頭に「赤穂浪人四十七士が復讐の一挙は、日本武士道の花である。」と書かれていたことが思い出される。「日南学人」は、「我居常之を憶ふ毎に、未だ嘗て彼清教徒の忠・愛の精誠に泣かずばあらず。」とまで告白するような人なのである。

明治という時代が「建設」と「破壊」が同時に行われた「過渡期」であったという認識は、今日少しも目新しい言説ではあるまいが、この認識が、痛切かどうかは、また別問題なのである。この「破壊」がどれほど徹底したものであったかは、例えば渡辺京二氏の『逝きし世の面影』を読めば、その失われたものを思って「泣かずばあらず」という感慨に襲われざるをえないであろう。

前述したように、この福本日南の『清教徒神風連』の核心は、「神風連」を「清教徒」としたことにある。実は、この評語はすでに徳富蘇峰が明治四十三年刊行の小早川秀雄の『血史熊本敬神党』に寄せた序文の中にある。こういう片言隻句的な評語を考えつくのは、蘇峰の天才的なところである。明治二十年、若き蘇峰が『国民之友』を創刊したとき、発刊の社告に、「清教徒」の詩人、ミルトンの言葉を掲げていたことが思い出されるであろう。二十数年後の蘇峰は、その中で「惟ふに神風連の乱は明治の兵火史上一種特別に候。固より彼等は国事の為めに是に出でたるに相違なきも、其の所謂る国事とは、佐賀や萩や十年の乱の意味に非ず。彼等は明治年間に於ける保守的清教徒也。英国十七世紀の清教徒に比すれば、清教徒は天上の法を地下に導き来らんと欲し、神風連は地下にありて天上の清浄界に入らんとす。故に清教徒の神風連に比して寧ろ世間的なりしは言を俟たず候。乃ち神風連の如きは、政党とか学派とか云はんよりも、寧ろ一種の神秘的秘密結社と云ふに庶幾し。」と書いているのである。五十歳にならんとする「大常識人」徳富蘇峰らしい見方といえるであろう。

日南は、「我居常之を憶ふ毎に、未だ嘗て彼清教徒の忠・愛の精誠に泣かずばあらず」と書くように、はるかに「同情」的である。橋川文三の文章の見出しが、「悲痛な行動に同情」とあったことが思い出される。蘇峰と日南の違いは、蘇峰が明治の時代の「建設」の方に力点を置き、日南は「破壊」されたものへの深い痛嘆を抱いていたからである。それは、蘇峰が『国民之友』を創刊した人であるのに対して、日南は、「政教社」グループの人であり、陸羯南の新聞『日本』の同人だったことからも当然のことといえるであろう。

『清教徒神風連』の冒頭の「叙論」は、本書の核心を成している。

等しく信条の発作である。中に就いて、近古の史上に一種の異彩を放ち、後人をして思慕・追憶の念に禁ぜざらしむるものは、十六・七世紀に於ける英国の清教徒ピューリテンの行道であつた。彼等は其の初めプレスビテリヤンより起つた。プレスビテリヤン既に東羅馬《ローマ》のオルトドックスに非ず。又西羅馬の加特力《カトリック》に非ず。ルーテル若くはカルヴェンの徒と同じく、既に心境の一新を経来つた者である。従つて彼等は英国々教アングリカニズムの依然古儀・旧式を套襲するに慊《あき》たらず。彼等は一切の人為を脱却し、清浄・簡素、神教の本源に遡り、神の意を承《う》け、神の教に遵《したが》ひ、神の如く言ひ、神の如く思ひ、神の如く振舞はんことを熱望した結果、羅馬法王の法座たるワチカン宮式の装飾を廃し、法衣を廃し、法楽を廃し、断食を廃し、寺院前の跪拝を廃し、祈禱に当りての十字の形容を廃し、之を天下に宣言するに及び、英王エリザベスの逆鱗に触れ、次いでチャーレス一世の迫害に遭逢した。彼等は以為《おも》へらく、神意に背いて本国に活きんよりも、寧ろ一地を求め、信仰の自由を全うするに如かずと。乃ち同志相約し、老・幼・男・女相率ゐて、古来住みなれた英国の地を離れ、水波渺《びょう》茫《ぼう》たる大西洋を超え、新大陸のマサチューセッツ一帯に新植民地を開始した。が、彼等の信仰と熱心とは、幾多の艱難に打克つて、此処にはボストン、彼処にはチャーレスタウン、それニュータウン、それサレムと、忽ちにして理想的新邑を十六箇処まで創立した。斯くして彼等は更に相議し、首長を推挙し、代議員を公選し、此に一小共和国を興した。が、誰か図らん是れ乃て新大陸の一半を掩有する北米合衆共和国の土台となつた。信仰の力も亦実に偉大なりと謂ひつ可し。（傍点原文）

清教徒も神風連も「等しく信条の発作である」と喝破しているのが、まず画期的である。「近古の史上に一種の異彩を放ち、後人をして思慕・追懐の念を禁ぜざらしむるもの」といって、清教徒に深い共感を示している。そして、「信仰の力も亦実に偉大なりと謂ひつ可し」と讃嘆している。この「清教徒ピューリテン」に対する親近感は、明治という時代を考えるに際して重要な点である。明治の精神を貫いているものは、いってみれば「ピューリテン」の精神だからである。

明治の精神＝ピューリタン

河上徹太郎は、名著『日本のアウトサイダー』の中で、内村鑑三を「日本のアウトサイダー」の「最も典型的なもの」としてとりあげたが、「内村は開拓地的ピューリタンだ」と書いている。その内村が『代表的日本人』の中の「西郷隆盛」の章で、「彼の偉大は、クロムウエル的の偉大であつた。ただ彼にピューリタニズムが無かつただけであると思ふ」と書いている。西郷と並んで、明治の精神の「代表的」なものとして乃木大将をあげるならば、小林秀雄は「歴史と文学」

の中で「僕は乃木将軍といふ人は、内村鑑三などと同じ性質の、明治が生んだ一番純粋な痛烈な理想家の典型だと思ってゐます」といった。日露戦争の「軍神」と日露戦争のときの「非戦論」者を並べて、「同じ性質の」人物と喝破するところに、世の通念を突き抜ける小林の批評精神の切っ先があるのである。「純粋な痛烈な理想家」とは、清教徒の精神の姿に他ならない。事実、乃木についても、「ピューリタン」という言葉が使われている例がある。

やはり、これも橋川文三の文章なのであるが、「明治の武人たちの印象」（昭和五十一年）の中で、橋川は渡部求編著『青年時代の乃木大将の日記』の序文（尾佐竹猛執筆）のことに触れて、次のように書いている。

乃木の性格のなぞということをしばしば書いたが、その内容については簡単に述べきれそうにもない。前記尾佐竹が序文に書いた言葉を便宜的に引用すれば、それは、少年時代に「スパルタ教育を受け、中頃デカダンになり、それよりピューリタンになった」という、その精神形成史と関係あるとだけはいえよう。そしてさらに言えば、デカダンの中にある静と、スパルタ的ピューリタニズムの中にある動とのダイナミックな交替というべきものが、乃木後半生の或は敬愛すべく、或は畏怖すべき性格としてあらわれたということもできるかもしれない。（傍点原文）

乃木もまた、一人の「ピューリタン」というべき存在なのである。このように明治の精神の特徴は、清教徒的なところにあり、その基盤ともいえるものであった。基督者内村は当然としても、信仰的には対極にある福本日南もまた、「ピューリタン」に深い共感を持っていたのである。内村鑑三の弟子で、戦後に東大総長となった矢内原忠雄に『余の尊敬する人物』正・続（岩波新書）があるが、その続の方に、クロムウェルがとりあげられている。このクロムウェルの原稿が書かれたのは、戦争中のことであった。しかし、恐らく「戦後民主主義」の日本では、そうではない。この変化に日本人の精神の明治から敗戦後の変質が読みとれるであろう。

さて、福本日南は、一方の神風連については、次のように対比的に書いている。

是とは全く信条を異にし、理趣を殊にすれど、清浄・簡素、建国の原始に反り、祖先の意を承け、祖先の教に遵《したが》ひ、祖先の如く生き、祖先の如く振舞ひ、日本帝国を三千年前の状態のまゝに維持し、祭と政を一途に出でしめ、天津御神の後裔の国をして彼等の目せる蛮・夷・戎《じゅう》・狄《てき》の上に卓越せしめんことを熱望の結果、江・淮・河・漢の東下するが如く、黒潮の還流するが如く、滔々・汩々《こつこつ》として東漸し来る欧州文明の前に立ち、赤手之を遏《とど》めんと、一党の身・命を捧げたのは、我清教徒たる熊本の神風連であつた。

「熊本の神風連」は、「我清教徒」と共感を持って呼ばれるのである。今日の日本人に必要なのは、「神風連」を「おどろくべき時代錯誤の典型」ととらえるのではなく、「清浄・簡素」への情熱の意義を再認識して、それを回復することである。「戦後民主主義」という「微温《なまぬる》き」精神状況から、「出」る（「出エジプト」を連想しつつ、この「出」を使うならば）ことである。その戦後的な薄汚れた精神を、「清」くすることである。そのような観点からすると、この「神風連の乱」という事件は、精神的な事件として今日振り返られなければならないのである。

第二節　「絶対」の出現した時代

熊本バンドの「花岡山盟約」

神風連の乱が起きたのは、明治九年十月のことであるが、それに先立つことわずか九カ月の明治九年一月末に、同じ熊本の地で、いわゆる熊本バンドが結成されたことは、近代日本思想史上、実にクリティカルな問題を孕んでいると思われる。これも「等しく信条の発作」といえるであろう。

三島の『豊饒の海』の第二巻「奔馬」の中にも、「神風連史話」を読んだ三十八歳の本多繁邦が、この本に心酔する十九歳の飯沼勲に宛てた手紙の中で、このことに触れている。「君の年齢では、感動はすべて危険です」といった上で、「訓戒を垂れ、警告を発したい」として、次のように書いている。

物語の危険は矛盾の除去であり、この山尾綱紀といふ著者も、書かれた限りの史実には忠実でせうが、こんな薄い小冊子の内容の統一のためには、多くの矛盾を除去したにちがひありません。又、この本は事件の核心にある純粋心情に固執するあまり、その外延を犠牲に供し、世界史的展望はおろか、神風連の敵方である明治政府の史的必然性をすら逸してゐます。この本はあまりにもコントラストを欠いてゐる。一例が、正に同じ時代の同じ熊本で、熊本バンドといふものがあつたのを君は知つてゐますか。明治三年、熊本洋学校へ、南北戦争の勇士であつた退役陸軍砲兵大尉ゼニスが、教師として赴任して、次第に聖書講義をはじめ、キリスト教新教を布教し、神風連の乱の起つた明治九年の一月三十日、教へ子の海老名弾正ら三十五人の青年たちが花岡山に集まつて、熊本バンドの名の下に、『日本をキリスト教化し、この教へによる新日本を建設しよう』といふ誓ひを立てました。もちろん迫害が起つて、洋学校は解散のやむなきに至つたが、同志三十五人は京都にのがれて、新島襄が肇めた同志社の基礎を築いたのです。神風連の思想とは正反対ながら、ここにも、同じ純粋な心情の別個のあらはれが見られるではありませんか。当時の日本は、どんな非現実的、どんな矯激と見える思想にも、一縷の実現の可能性があり、正反対の政治思想も素朴で純真な発露においては共通してをり、今のやうなすでに政治体制が堅固に固められた時代とはちがふことを思ふべきです。

「当時の日本」、これが旧約期の明治に他ならないが、この時代は「どんな非現実的、どんな矯激と見える思想にも、一縷の実現の可能性」があったということ、これが旧約期の明治に心惹かれる要素の一つである。

ここに出て来る海老名弾正は、前章で書いたように、吉野作造の先生なのであるが、熊本バンドには、海老名の他に金森通倫、横井時雄、小崎弘道、浮田和民、徳富蘇峰等がいた。この「花岡山盟約」については、山路愛山が深く語ってくれるであろう。愛山については、内村鑑三が「基督教界の歴史家」と評している。大正九年四月二十一日の「日記」に「大なる興味を以て沖野岩三郎君新著『基督新教縦断面』を読んだ、誠に有益なる書である、山路愛山逝いて以来、基督教界の歴史家なしと思ひしに沖野君が其歴史家である事を知りて喜んだ、余に関する記事に大抵は間違はない」と書いている。この愛山という「基督教界の歴史家」が、その名著『現代日本教会史論』（明治三十九年七月）の中の「花岡山盟約」の章に、「此会盟者の一人たりし小崎弘道をして当時の事情を語らしめよ」として、小崎の思い出を引用している。

全体、私が基督教を信ずるやうになったのは随分古い話で、御承知か存じませぬが、維新の際に私の藩、即ち熊本でも洋学をやって有為の人物を養成せねばならぬと云ふので、藩の費用で学校を建てまして英国の或士官を雇ひ入れて先づ頻《しき》りに語学をやらせたので、そして此学校に入れては藩中の青年から最も有望な秀才と云ふのを抜擢して藩の費用で勉学させたので、第一期は至って僅な人数で、第二期第三期と続いてやっと彼是五六十名出来たのであります(ママ)が、私共も幸にして其中の一人に選ばれて居たのであります。夫《それ》からまあ段々勉強して居たうちに、其英語の教師と云ふが至って熱心な信仰家であったので生徒の中にも追々と聖書などを読んで見ると云ふものが出来たのです。私は全体、家が儒学の方ですから決してさういふ方には手を出しませんでした。友人など頻りに参考の為めによいから読んで見ろと云ふので到頭読んで見ましたが色々と疑惑も起り煩悶もあったのですが、遂に確な所を発見してやっと安心することが出来たので、爾来今日まで唯一の神を信ずることは決して変改せぬのでありまして之が尤も正しき信仰、真の教、真の道と堅く執って動かぬのであります。夫から遂に同志の者が集まって互に誓約をして、吾々は政治とか軍事とか云ふことに従事すれば随分相当な位置を得るであらうが、夫等の事はまだ〱下等な仕事で、且さう云ふ事はやる人も沢山あるから、吾々は夫より多くの人が容易にやり得ぬ仕事、即ち精神界の方面に向つて尽力し、迷へる人心を覚醒して之を正しき真の道に導かう。其の為に如何なる辛苦も如何なる災難も辞すまいと云ふことになつたのであります。之が私共の宗教界に這入る首途であつたのであります。所が此の事が追々発表されて来ますと藩の方では（記者曰く此時は既に藩なし、宜しく父兄の方ではと改むべきなり。）大変に驚きまして折角手を入れて勉強させて耶蘇坊主になつてはなんにもならぬ。又さう云ふことは天朝に対しても相済まぬと云ふやうな騒ぎになりまして、夫から到頭学校は閉鎖する吾々同志の者をば父兄に預けて謹慎させると云ふことになつたのであります。所が私は最早父がなかつたので、余り八釜敷《やかましく》云ふものもなく、母は勿論大層心配しましたけれど、なんにも悪い事をした訳ではなく、之から善い事をしようと云ふのであるから決して彼此案じるには及ばぬと申しまして、母も大略理解し別に六ケ敷《むつかしき》親族もなかつたので私の方は先づ私の考通りですむことになりましたが、同志の中には随分大騒ぎをやつたのであります。横井君の如きは儒者の家から、さう云ふものを出しては祖先に対しても藩主に対しても済ず。殊に亡父に対して何とも申訳がないから母公が自害すると云ふ次第で、夫から其叔父に当る矢張漢学の先生があつて頻りに説諭して改心させようと云ふのに横井が頑として動かぬので叔父からは絶門されるなど、至極八釜敷かつたのであります。又同志の一人なる吉田と申す者は父が丈夫であつたので手打にすると云ふ次第で大刀を引抜いたら吉田が道の為には止むを得ぬと云ふて首を差出した所が父君もが元来嚇《おど》して改心させる積であつたのでまさか斬る訳にはゆかず、この馬鹿野郎と云ふて椽《たるき》から蹴落して奥に入つたと云ふことなのでありました。夫から徳富などはまだ極く年少であつたので、仕方なしに父の言に従うて改心すると云ふて庭で火を燃いて一切の聖書などを焚いて仕舞つたのです。金森君、海老名君なども矢張りさう云ふ風に騒いだのでした。（傍点原文）

熊本バンドの中の横井時雄は、いうまでもなく横井小楠の子である。旧約期の明治が、いかに激動期であったかを象徴するような事例である。横井、海老名、小崎、金森はこの盟約のとき、二十歳くらいであった。「極く年少であつた」徳富蘇峰は、十三歳であった。

三島の「奔馬」の中の本多繁邦の言葉「神風連の思想とは正反対ながら、ここにも、同じ純粋な心情の別個のあらはれが見られるではありませんか」が自ずから思い浮かぶであろう。

「絶対」に「摑まれた」精神

内村鑑三は、昭和三年（死の二年前）の「武士道と基督教」と題した文章の中に、横井の名前を出して「明治の初年に当たつて多くの日本武士が此精神に由りて基督信者に成つたのであります。沢山保羅、新島襄、本多庸一、木村熊二、横井時雄等は凡て純然たる日本武士でありました」と書いた。「此精神」とは、「正義と真理との為には生命を惜まざるの精神」のことであると内村は説明している。「此精神」は、確かに小崎の回想の中にある横井青年や吉田という同志の言動に「あらはれ」ているであろう。こういう「あらはれ」が、「明治の初年」の特徴である。彼等武士の子たちが奉教趣意書に誓ったことは、「奔馬」に書かれているように「日本をキリスト教化し、この教による新日本を建設しよう」ということであった。内村鑑三は「聖書研究の目的」（大正五年五月）を結んでいう「聖書を研究して我等は唯自己の小さき痛みを癒されんとして居るのではない、人類全体の霊魂の永遠の運命に関する問題に触れて居るのである。」と。彼等サムライ・クリスチャンの「基督教」とは、「自己の小さき痛みを癒されん」と願うものではなかったのである。

この小崎の回想を引用した上で、山路愛山は「官吏となる乎、政権の争奪に従事する乎、殆んど其他の事を知らざりし九州青年の内に於て独り所謂熊本「バンド」の一隊のみが精神的改革を以て自ら任じたりしは関東及び其他に於ける戦敗者、若くは戦敗者と同じ位置に置かれたものゝ子が関東に起つて精神的革命に任ぜんとしたると東西一双の現象にして耶蘇教は此時に於て早く既に日本の人心に根を生じたるなり。」と書いている。

ここで「関東」といわれているのは、いわゆる「横浜バンド」のことである。

愛山は、この『現代日本教会史論』の白眉というべき「精神的革命は時代の陰より出づ」と題した章で、次のように書いている。

我等をして余り多く閑話を語らしむること無く要点に向つて進ましめよ。最初の教会に於て青年の多かりしは固よりなり。そは青年に非れば大胆に新しき信仰を告白すること少きは古今の常態なればなり。されど総ての種類の青年が悉く新しき信仰に動きたりと思はゞ是れ事実の重要なる性質を看過したるものなり。試みに新信仰を告白したる当時の青年に就て其境遇を調査せよ。植村正久は幕人の子に非ずや。彼れは幕人の総てが受けたる戦敗者の苦痛を受けたるものなり。本多庸一は津軽人の子に非ずや。維新の時に於ける津軽の位地と其苦心とを知るものは誰れか彼れが得意ならざる境遇の人なるを疑ふものあらんや。井深梶之助は会津人の子なり。彼れは自ら国破山河在の逆境を経験したるものなり。押川方義は伊予松山の人の子なり。松山も亦佐幕党にして今や失意の境遇に在るものなり。新信仰を告白して天下と戦ふべく決心したる青年が揃ひも揃うて時代の順調に棹《さおさ》すものに非ざりし一事は当時の史を論ずるもの丶注目せざるべからざる所なり。彼等は浮世の栄華に飽くべき希望を有せざりき。彼等は俗界に於て好位地を有すべき望少かりき。（傍点原文）

山路愛山その人もまた、「幕人の子」であり、「幕人の総てが受けたる戦敗者の苦痛を受けたるもの」であった。ここで愛山が名を挙げている、植村正久、本多庸一、井深梶之助、押川方義が「横浜バンド」の主なる顔触れである。愛山は「精神的革命」と呼んでいる。それは、明治維新というものに対する考え方にも関係している。『現代日本教会史論』の冒頭に置かれた「日本人民の醒覚（一）」の章で、「維新の革命を以て単に政治機関を改造し、政治の当局者たる人物を変換したるものに過ぎずと思はゞそは皮相の見解なり。維新の革命は総体の革命なり。精神的と物質的とを通じての根本的革命なり。政治と云ひ、社交と云ふが如き一部の革命に非るなり。」と書かれている。明治維新とは、日本人に「醒覚」をもたらす「根本的革命」であった。旧約期の明治とは、そのような「醒覚」が激しく起きた時代であった。この熊本バンド、横浜バンド、そして札幌バンドの、いわゆる三大バンドの青年たちは、その「あらはれ」に他ならなかった。

この「熊本バンド」の結成と「神風連の乱」が、同じ明治九年に起きたということほど、旧約期の明治を象徴するものはない。何か「絶対」に引き寄せられた人間たちが、ここにいるのである。

林房雄が戦前の代表作『青年』（昭和九年）の中で、若き日の伊藤博文（俊輔）と井上馨（志道聞多）をめぐって、「理想に摑まれてゐる」という表現を使っている。そして、ハインリッヒ・ハイネの「人は、人間が理想をつかむのだと信じているが、実は理想が人間をつかむのだ」という言葉を引いている。ブラウン医師と写真師ビイトは、つぎのようなやりとりをする。

「あの青年たちは理想につかまれてゐる」

「つかまれてゐる?」

「さう、理想に摑まれてゐる。人は、特に青年は、ときどき理想に摑まれるのです。――あの青年たちは、きつと開国論の主張を貫くでせう。貫けなかつたら進んで死ぬでせう、理想が彼等を摑んでゐるからです。私はそれを信じてゐる!」


旧約期の明治という時代は、「絶対」に「摑まれてゐる」。民族も、「特に青年」時代とも呼ぶべき、若返りをした時代、例えば明治という時代においては、「絶対」に「摑まれた」ような人物が輩出したのである。これまでとりあげてきた人物、原胤昭にしても、大久保利通にしても、神風連にしても、三大バンドの面々にしても、彼等は「絶対」に直面し、「絶対」に「摑まれた」のである。旧約期の明治の時代は、「絶対」がいわば「原液」のままの濃い濃度で出現した時代であり、その後徐々にその濃度が薄くなっていったというのが、近代日本精神史の展開であった。今や、「戦後民主主義」を通過して、この「原液」を水で割って、ほとんど「相対」と等しい薄さにしなければ、日本人は、飲むこともできなくなってしまったのである。

旧約期の明治における「絶対」の出現に、日本人の歴史の最もクリティカルな局面が「あらはれ」ているのである。例えば、神風連と熊本バンドを二重写しにして見たときに、遠く向うの方に見えてくるものこそ、日本精神史の最も高い稜線のひとつなのである。

明治維新も、所詮「単に政治機関を改造し、政治の当局者たる人物を変換したものに過ぎ」ないと人はいうであろうか。しかし、旧約期の明治において、「絶対」が出現し、それに「摑まれた」人物が登場した、「私はそれを信じてゐる！」のである。

山路愛山は「総ての精神的革命は多くは時代の陰影より出づ。」との名言を吐いた。今日の時代にも、どこかに濃い「陰影」があるに違いない。それは、思いもよらないところかもしれないが、そこから、将来に向けての新しき「精神的革命」が起きること、これが日本の希望である。その希望の実現のためには、旧約期の明治が振り返られなければならない。何故なら、そこには「絶対」が「原液」のままにあり、「相対」の中で「微温《なまぬる》」く生きている日本人の喉は、この「原液」で今一度、やかれなければならないからである。

あとがき

本書は、学芸総合誌・季刊『環』の平成二十四年夏号から平成二十六年春号までの八回にわたって連載した「旧約期の明治――「日本の近代」の問い直しのために」に加筆修正の上、改題して一冊にまとめたものである。つまり、東日本大震災から一年ほど経った頃に書き出したことになる。

明治について考えていこうと思ったときに、「旧約期」という言葉が、ふと思い浮かんだのは、序章にも書いたように橋川文三の文章にそれがあったからだが、もっと根源的には3・11の年の四月から半年間、イタリアのヴェネツィアに滞在していたときの経験があるように思われる。

ヴェネツィアにあるイタリア国立カ・フォスカリ大学の客員教授として滞在することが決まったのは、その前年の夏のことであった。明治以来、日本が多くを学んだヨーロッパの文化の根柢にあるものが深く風景の中に染み込んだような、この奇怪な水上都市に住んで、改めて日本の近代化の問題をじっくり考えてみようと思い立ったからである。旅立ちの準備をしているとき、三月十一日に東日本大震災が起きた。

その深刻な事態の中で、私がヴェネツィアに持っていくことにした本は、二冊だけであった。『旧新約聖書』（文語訳）とトインビーの『歴史の研究』である。トインビーは文明の盛衰を考える上で、参考になると思ったからである。

ヴェネツィアに着いてから、まず『旧約聖書』を最初からゆっくり読み直した。『旧約』は、もちろん読んではいたが、全部を一頁から丁寧に通読したことはなかった。文明の盛衰が剝き出しになったような、この街の水と光の風景の中で『旧約』の章句のあれこれは、肌にひりひりと沁みるようであった。

このように『旧約』を持って行って読んだのは、3・11以後の日本の悲劇というものは、いわば旧約的なものではないかという直観があったからである。単なる天災や人災ではない。何かそういうものを超えた深い意味を秘めているように思われた。

例えば、「ヱレミヤ記」の中の、次のような有名な聖句が、これまでよりも一段と深く訴えかけてくるようであった。

夫《それ》彼らは少さき者より大なる者にいたるまで皆貪婪者なり又預言者より祭司にいたるまで皆詭詐をなす者なればなり　かれら浅く我民の女《むすめ》の傷を医《いや》し平康《やすし》からざる時に平康《やすし》平康《やすし》といへり

（第六章一三～一四節）

東日本大震災のような「旧約」的な事態が起きても、日本の今日の「かれら」は「浅く」事態をやりすごそうとし、「平康平康」と言っているように思われる。

このようにヴェネツィアの沈鬱な空気の中で、『旧約』を熟読した経験から、近代日本の根本問題を明治という時代において考えようとしたとき、「旧約期の明治」という言葉が、自ずから脳裡に浮かんだに違いない。『旧約聖書』の世界が、いってみれば異形である如く、明治初年の時代も、実は異形なのである。本書の中でとりあげた大久保利通の肖像画だが、ここに描かれた顔は、私にはモーセのようにも感じられる。シルクハットを被った明治のモーセである。北村透谷が、日本人を「モーゼなきイスラヱル人」になぞらえたのは、明治二十六年の「明治文学管見」においてであった。

私が、本書で試みたのは、明治を現前化することである。「降る雪や明治は遠くなりにけり」という、中村草田男の有名な俳句があるが、「遠くな」ったと懐古されるのは、いわば「新約期」の明治である。日清戦争、特に日露戦争の頃の明治である。「旧約期」の明治は、そういう懐古の対象にはならない。「旧約期」の明治は、向うから現前して来るのである。明治に遡行するのではない。いわば魂の希求という勧請によってその時代が現代に出現する、現前化するのである。かかるとき、批評とは、一種の勧請である。

それはまた、明治を通念的なとらえ方から解き放ち、いわば異形化することであった。明治初年の時代を、異形のものとして、真に深く「旧約」的な時代として受け止めなければならない。「旧約」的に深く苦しみながら理解しなければならない。そうして初めて、その後に真の「新約」は始まる筈なのである。

明治を現前化して、つまりは「絶対」を浮かび上らせたかったのである。福田恆存は、「個人主義からの逃避」の結びに「もう一度、明治の精神に立ちかへつてみる必要がありはしないでせうか。クリスト教に真向うからぶつかつてみる必要がありはしないでせうか。」と書いた。私が本書を物したのも、「旧約期の明治」の精神に「もう一度」「立ちかへつてみる必要がありはしないでせうか。」と言いたかったからに他ならない。そしてまた、本書は、「絶対」を主題にして、七つの変奏曲を鳴らしてみたものともいえるのであるが、「絶対」の遠雷が微かなりとも耳に届くことがあればこれ以上の喜びはない。

『粕谷一希随想集』（全三巻）が、この五月から出て、九月に完結するが、二年前の春、その編集の打ち合わせということで、まだお元気だった粕谷さんの話をいろいろお聞きしようということになった。箱根仙石原温泉の「山荘なかむら」に一泊して、歓談した。その帰り、小田急のロマンスカーの車中で藤原良雄社長と雑談をしているとき、『環』への連載の話を頂いた。テーマをどうするかということになったとき、ヴェネツィアから戻ってまだ半年の私の頭に、ふと浮かんだのはやはり日本の近代の問い直しであり、その素材としての明治初年であった。これも、前の晩、酒を飲みながら、長時間にわたって、粕谷一希という稀有な叡智の持ち主が近代のさまざまな問題について談論風発するのを聞いたことが作用したのではないかと思われる。そのテーマに即座に賛同して、連載の機会を与えていただいた藤原社長に、厚く御礼申し上げる次第です。
　また、連載中は、毎回、原稿に対して深くて的確な読後感を寄せてくれた、編集担当の刈屋琢氏には、単行本にするにあたってもお世話になった。明治初年の骨柄が出た本を作ってくれたことに深く感謝したいと思う。
　平成二十六年初夏　輝く光の中でヴェネツィアの水と光を思い出しつつ
新保祐司

や 行

ら・わ行

ま　行

な 行

は 行

さ 行

た 行

か 行

人名索引

あとがきを除く本文から人名を採り，姓→名の五十音順で配列した。原則として架空の人名は省いた。

あ 行

著者紹介

新保祐司（しんぽ・ゆうじ）

1953年生。東京大学文学部仏文科卒業。文芸批評家。現在、都留文科大学教授。著書に、『内村鑑三』（1990年）、『文藝評論』（1991年）、『批評の測鉛』（1992年）、『日本思想史骨』（1994年）、『正統の垂直線——透谷・鑑三・近代』（1997年）、『批評の時』（2001年）、『国のさゝやき』（2002年）、『信時潔』（2005年）、『鈴二つ』（2005年）［以上、構想社］、『島木健作——義に飢ゑ渇く者』（リブロポート、1990年）、『フリードリヒ　崇高のアリア』（角川学芸出版、2008年）がある。また編著書に、『北村透谷——〈批評〉の誕生』（至文堂、2006年）、『「海ゆかば」の昭和』（イプシロン出版企画、2006年）、『別冊　環⑱　内村鑑三　1861-1930』（藤原書店、2011年）がある。

2007年、フジサンケイグループ第8回正論新風賞を受賞。

異形《いぎょう》の明治《めいじ》

2014年8月30日　初版第1刷発行©

著　者　新　保　祐　司

発行者　藤　原　良　雄

発行所　株式会社　藤　原　書　店

〒162-0041　東京都新宿区早稲田鶴巻町523

電　話　03（5272）0301

FAX　03（5272）0450

振　替　00160 - 4 - 17013

info@fujiwara-shoten.co.jp

印刷・製本　中央精版印刷

落丁本・乱丁本はお取替えいたします

定価はカバーに表示してあります

Printed in Japan

ISBN978-4-89434-983-4